計画　テスト　分析　練習

「けテぶれ」学級革命！

自分で考え、自分から動く子が育つ！

葛原 祥太

学陽書房

「もっと一人ひとりが自分らしく過ごせる学級をつくりたい」
「自分で考え、自分で動く子どもに育てたい」
そんな願いを実現したいと思いませんか？

そんなクラスや子どもたちにおすすめなのが、

「生活けテぶれ」です！

生活けテぶれは、子どもが学校生活について自分で目標を立てて、トライアンドエラーにチャレンジするサイクルをまわす試みです。

このサイクルを、1日、1週間、1ヵ月、学期ごと、1年間の単位で繰り返していきます。

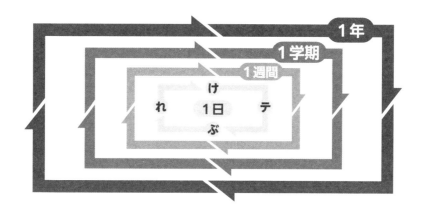

地道だけれど、子ども同士、教師とも一緒に、
日々これを繰り返す中で、子どもが自分の1日を主体的に考え、
主体的に行動するように変わっていきます！
そして、どんどん自分たちで動き出すクラスになっていきます！

こんなクラスに変えていきたいと思いませんか？
本書でその方法をすべてお伝えします！

まえがき

2017年から私がSNSで発信を始めた「けテぶれ学習法」は、子どもが自分で「け計画・テテスト・ぶ分析・れ練習」という学びのサイクルをまわし、自分で勉強するスキルとマインドを呼び覚ます実践でした。

それを宿題としてやってみるという試みは学校現場に広く受け入れられ、爆発的に広がり、いまでは全国のさまざまな学校で、学校全体や学年団で「けテぶれ」に取り組むということが日々実践されるようになっています。宿題だけでなく、授業でも、この学びのサイクルが取り入れられるようにもなってきました。

本書で提案する「生活けテぶれ」は、「けテぶれ」のサイクルを、毎日の学校生活に取り入れようという実践です。これは、**ただ生活を整えるというだけでなく、子どもたち一人ひとりが自分で考え、自分で動くことができる環境を実現することで、学校生活における「主体感」を取り戻させることを目的としています**。つまり子どもたちが学びと生活の主体者として自立していくためのアプローチなのです。

毎日の行動、気持ち、人との関わり、そして長い目で見た人生の設計と、その核となる「自分とは何者であるか」という自分自身についての学び。そのすべてを、けテぶれサイクルをベースに実現していきます。「よりよく生きること」は「よりよく学ぶこと」に直結します。生きることと学ぶことをより密接に関係づけ、それらを両輪として進めるために、学習面だけではなく「生活面」においても実践するというのが「生活けテぶれ」の基本的な考え方です。

これまで「けテぶれ」をどう導入するとよいか聞かれたときには、よく「導入としては漢字の学習がおすすめですよ」と説明をしてきました。子どもたちにとっても、いきなり教科の学習をまるごと任されるより、軽い負荷から始めることができるからです。

本書で紹介する「生活けテぶれ」は、子どもたちが取り組みやすい、もう一つのけテぶれ実践の入口として捉えることができます。**「けテぶれ」の実践を始めた先生たちの中には、「勉強よりも、まず学校生活にけテぶれを導入するほうが、スムーズに始められた」という人が何人もいます。**子どもたちの自立を願い、自らの人生を舵取りする力をつけさせるような教育を実現するために「生活けテぶれ」から始めることもぜひおすすめしたいと考えています。

やるべきことが次から次へと押し寄せてくるいまの学校の環境は、この「自らの人生を舵取りする」という感覚が持ちにくい。そこでまず、生活けテぶれの実践を通して、自分で考え自分で行動し、結果を自分で受け取り再チャレンジできる環境を整えます。その経験の蓄積から「主体感」、つまり「自分が自分の行動の主体であるという感覚」が生まれてきます。この感覚を持っていることが、学習者主体の学びの場が成立するかどうかの重要なポイントとなるのです。

主体感を持つ子どもたちが育つ中で、クラスが見違えるように生き生きと、そしてゆるやかにお互いがつながりあって助け合う、そうした素敵な場所に変わっていく様子を何度も見てきました。

そんなクラスが日本全国に増えることを願って、そして、危機に瀕する公教育を再起させる重要な一手となるよう、渾身の力を込めて書きます。どうぞお受け取りください。

2025 年 1 月

葛原 祥太

生活けテぶれをやってみよう！

計画・テスト・分析・練習のサイクルを
学校生活について、
子ども自身が自分でまわしていく
「生活けテぶれ」をやってみよう！

実際にやっている子どもたちの
けテぶれシートや様子を紹介します！

生活けテぶれの1日の流れ

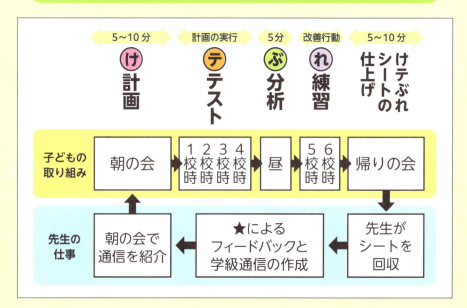

1日の流れはこんなイメージで進めます。
けテぶれシート（34頁参照）を使い、けテぶれシートに朝、学校生活について今日の計画を書き、授業時間の中でトライしたり練習したりして、帰りの会でシートを仕上げて先生に提出するイメージです。

生活けテぶれに取り組んでみよう！

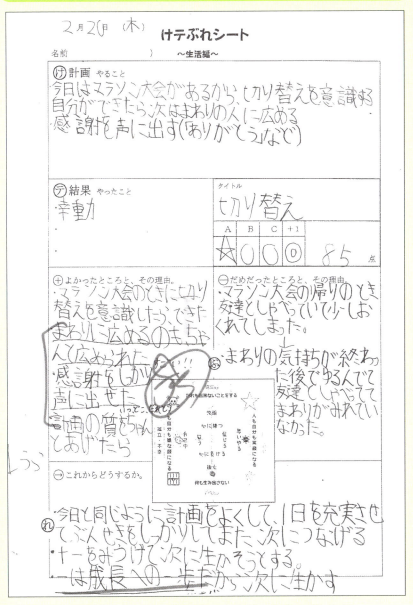

このようなけテぶれシートに、計画や結果や振り返りを書いていきます。けテぶれシートはいろいろな種類を作っており、右のQRコードのページからダウンロードが可能です。それぞれの先生が自由にアレンジして子どもたちの様子に応じて作るのがおすすめです。

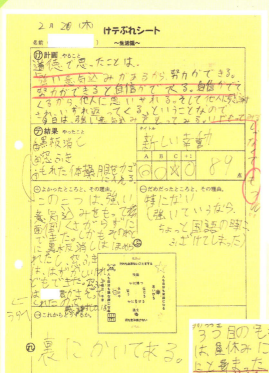

生活けテぶれシートに、道徳の授業で感じたことから計画を立てている。道徳の教材と自分の生活をつなげて、思考と経験をつなげながら、哲学的に考えをどんどん深められるようになっていく様子が見える。

裏面

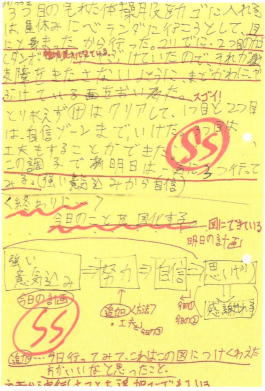

1年間、書きためたシートは、人生の宝物になる。

シートではなく、ノートに書いてもOK！
よい記述に対して教師は☆印をつけてフィードバックする。

けテぶれシート
〜スター☆チャレンジ〜

6月23日（金）　　　　　　　　　　　　　　名前

⑰ **計画** 今日のスター☆チャレンジ（月と太陽を意識しよう！）
㋐でやるけど、㋑だけで㋒をする。
（つまり、㋑だけど㋒ってことです。）
今日は㋒でするけど、㋐もする。
（つまり、㋒だけで㋐ってことです。）
今日は㋒で、やるけど㋒ぼうそうしないようにする。
今日、ねまにスラないようにする。　今週の得点は！？ [98]点

⊕成功したこと ㋓次はどうするか	⊖失敗したこと ㋓次はどうするか
さんに、教える事が、できた。教えられる時の気もちが、なんだかいい気ぶん。でも、まちがえは、宝物、大切に、みがく。心のブレーキも、かけられた。○を、書くことができた。A、B、C、Dを、かくことができた。くずはら先生に、㋑を、つくってくれて、うれしかった。	あんまりすすんでない。だから、家で、すすめる。いっしゅん、自分が、どこに、いるか、分らなく、なった。㋓がまだかえされていないから、けテぶれノートに、きろくする事（大分せいのこと）が、できなかった。今日は、㋐で、やろうとしてたけど、㋒で、やってしまった。
㋐→㋑：わかったこと	㋑→㋒：わからないこと
教えられたと、言う事は、そこは、かんぺきと、言う事だ。がんばれば、いっぱい、すすめる事が、できる。まちがえは、宝物。それは、みなおしていなかったからだ。私は、ふかい海で、およいでいたんだ。ふかい海は広い海よりむずかしい。	なんで、たまごの時、さなぎのときは、ごはんが、いらないのだろう。なんで、時間が、早いと、思う時と、時間が、おそいと思うときが、あるんだろう。なんで、いしゅうかんのふりかえりを、するんだろう。なんで、㋓を、するのだろう。

✡自分の変化
次の国語は、なるべく、表に、うつりたい。次は、㋒ぼうそうしない。
㋐も、丸つけを、こまめに、する。
次もあうダッシュで、すすめる。

週末には自分をまるごと振り返る！　そして、さらに1ヵ月、学期ごと、

今週をふりかえって…

さんに教える事が、できたから、次は、べつの人に、おしえて
あげる。教えられる気もちが、よかったから、それを、次も、
あじわいたい。まちがえは、宝物だから、いっぱいまちがえて
いっぱいまなぶ。(大切に、みがくと言うことです。)
心のブレーキを、かけることが、できたから、次も、心の
ブレーキを、かける。こつを、書くことが、できたから、次も、
こつを、かく。くずはら先生に、めたらしく(ずP)を、
つくってくれたから、次私は、A、B、C、D、の、三
二バージョンを、つくって、けテぶれノートや、けテぶれ
漢字に書く。先生に、星をもらえてうれしかった
から、いっぱい星が、とれるように、がんばる。めんまりす
すんでいなかったから、次は、いっぱいすすめれるよ
うに、がんばる。前は、いっしゅん自分が、どこにいるか、分ら
なくなったから、次は、自分は、どこにいるか分るように、
がんばる。⑥が丸つけしたのが、まだかえされていな
いから、かえされたら、大分せきをして何点かを、そうして
まちがえたかを、いらべる。(かくにんする。)今日は、①で、やろ
うと思っていたけど、友だちに、いっしょに、やろうと言われて、
⑥で、やってしまったから、次は、自分で、①で、やるか
らと言えるように、がんばる。前、友だちに、おしえる事
ができたから、次は、もっとたくさんの人に、おしえら
れるように、がんばる。がんばったらいっぱいすすめる

1年間で、それぞれの時期に振り返りを重ねていきます。

生活けテぶれをやる中で 子どももクラスも変わる！

生活けテぶれを毎日積み重ねる中で子どもたちは、本来の主体性を取り戻していきます。クラスの関係性も温かく変わっていきます。

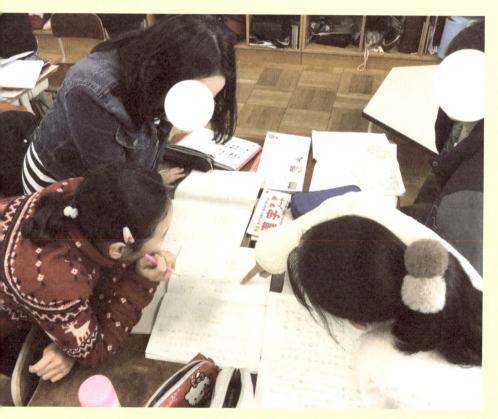

班交流の時間。毎日、朝の時間に自分の生活けテぶれのシートやノートをお互いに見たりコメントをしあったりする時間を設けています。積み重ねる中でお互いへの見方も変わっていきます。

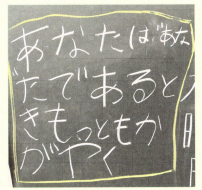

思い思いの場所で学び合う子どもたち。自分で決めて自分でやってみる、ということが浸透していきます。

授業の時間の教室全体の様子。友達と交流しながら学ぶ子もいれば、一人で考えてみる子もいます。子どもたちが生活てぶれの積み重ねを経て自分の行動に責任を持って行動するようになると、こうした状況でも、みんな真剣に学びに向き合います。なおかつ、クラスの中でお互いに心を開いていく様子が生まれていきます。

もくじ

まえがき ··· 4

なぜ「生活けテぶれ」が必要か①
子どもたちの「学校生活」を取り戻すために ················· 20

なぜ「生活けテぶれ」が必要か②
主体感の回復こそ、子ども主体の学びの場づくりの第一歩 ········ 22

生活けテぶれが子どもたちにもたらすもの ················· 24

生活けテぶれに取り組んだ子どもたちの感想 ················· 26

生活けテぶれで、先生になって本当にやりたかったことを
思い出した！ ·· 28

コラム1 生活けテぶれで目指す教育の核心 ················· 30

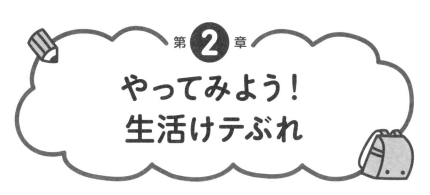

第2章 やってみよう！生活けテぶれ

「けテぶれシートの使い方」
計画・テスト・分析・練習の日常サイクル ……………… 32

6観点による振り返り：自己理解を深める毎日の習慣 ……… 36

教師からの赤ペンと学級通信を使ってフィードバックしよう …… 40

朝の会での紹介 ……………………………………………… 44

学習力の可視化、ポイントシートを作ろう ……………… 46

けテぶれはサイクル。昨日と今日を接続しよう …………… 48

授業の振り返りなどにも溶け込ませていこう ……………… 50

生活けテぶれをより深めてくれる心マトリクス …………… 54

心マトリクスを活用した教師のフィードバック例 ………… 56

心マトリクスを学級で活用するには ………………………… 58

1日の生活けテぶれのまわし方まとめ ……………………… 64

コラム2 理論と実践の架け橋 ……………………………… 66

第3章 総合的な学習の時間を活用した自己探究実践

生活けテぶれのダブルループ構造 ·············· 68

内向きの探究と外向きの探究 ·············· 70

金曜日の総合学習
【レベル1：自分を知る時間①】 ·············· 72

金曜日の総合学習
【レベル1：自分を知る時間②】 ·············· 74

金曜日の総合学習
【レベル2：友達との分かち合いと新たな気づき】 ·············· 78

金曜日の総合学習
【レベル3：自分を創る】 ·············· 80

世界にひとつだけの花を咲かせよう ·············· 82

金曜日の総合学習　自己探究の時間 ·············· 84

月曜日の1時間目にも総合学習の時間を設定しよう ·············· 86

月曜日の新たな自分との出会い：自己紹介で広がる学びの輪 ···· 88

自己紹介の後は、班のメンバー発表(他己紹介)をしよう ········ 90

考え行動する主体の枠を広げていく ·············· 92

16

自己紹介だけでなく「ノート交流」をする週があってもいい	94
月曜日の総合学習　新しい出会いの時間	96
総合学習の時間としての生活けテぶれ実践まとめ	98
長期休み前は学期をまるごと振り返ろう	100
コラム3　「AIに負けるな！」なんて言葉に負けるな。自分を生きよう	104

第4章 生活けテぶれの範囲をどんどん広げよう

特別活動も連動させよう	106
係活動や掃除活動でもけテぶれ！	108
クラスの状態を可視化することでさらに主体的な行動を促す	112
現状が見えると、そこに対して動けるようになる	114
アンケートシステムの具体	116
道徳とも連動させよう	118
コラム4　生活けテぶれを通して、子どもたちの問題解決能力を高めるために	120

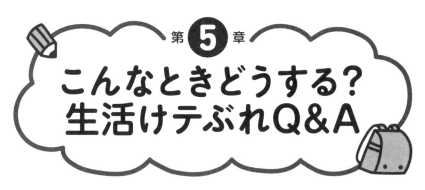

Q1 生活けテぶれの記録を
　　どのように管理すればいいですか？ ……………… 122

Q2 子どもたちの自己肯定感を高めるには
　　どうすればいいですか？ ……………………………… 122

Q3 生活けテぶれを通して子どもたちの自主性を育むには
　　どうすればいいですか？ ……………………………… 123

Q4 生活けテぶれの導入時、
　　どのように始めればいいですか？ …………………… 123

Q5 通級指導や特別支援学級では
　　どのように取り組めばいいですか？ ………………… 124

Q6 一部の子がまったく取り組んでくれません。
　　どうすればいいですか？ ……………………………… 125

Q7 生活けテぶれがマンネリ化してきたとき、
　　どう対応すればいいですか？ ………………………… 126

子どもとクラスを変えていく
生活けテぶれって何？

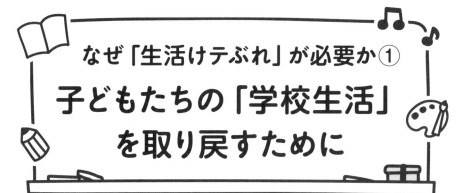

学校のあり方が根本的に問い直されている

　近年、さまざまな理由で学校に行けない、教室に入れない子どもたちの増加が深刻な社会問題となっています。子どもたちが変わってしまったのではありません。学校という場所、公教育の機能が根本的に問い直されているのです。

　私たちは、**「学校生活」**という言葉の中の「生活」の重みを、もう一度考え直す必要があります。**子どもたちにとって、学校は単なる「学習の場」ではありません。友達と出会い、共に過ごし、時に葛藤し、そして成長していく、かけがえのない「生活の場」なのです。**しかし、現代の学校は、効率や成果を追求するあまり、この本質的な機能を見失いつつあるように思えてなりません。

　学校での1日は、細かな時間割に区切られ、教師の指示のもとで子どもたちは過ごします。「次は何をするのか」「どのように行動すべきか」、すべてが教師によって決められ、子どもたちの主体性は限りなく制限されています。このような環境で、果たして子どもたちは自分の生活を「自分のもの」として実感できているでしょうか。

「主体感」を取り戻せ

　本書で提案する「生活けテぶれ」は、この状況を変えるための一つ

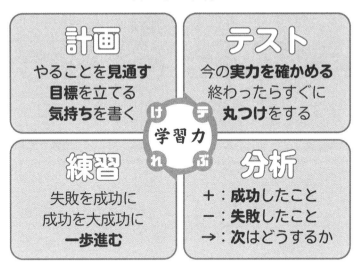

の試みです。これは、子どもたち自身が自分の生活をコントロールし、主体的に過ごすための具体的なアイデアです。「計画」「テスト」「分析」「練習」という4つのステップを通じて、子どもたちは自分の生活を見つめ、改善し、より豊かなものへと発展させていくことができます。

　重要なのは、これが単なる生活指導の手法ではないということです。**子どもたちが「学校生活の主体者」となるための本質的なアプローチなのです**。自分で考え、決定し、実行する。その過程で時には失敗し、そこから学び、また新たな挑戦をする。このような経験の積み重ねこそが、真の意味での「学校生活」を創り出すのです。

本書に込められた願い

　学校に行けない、教室に入れない子どもたちの問題は、子どもたちが学校という場所で「自分の生活」を失っていることへの警鐘かもしれません。「生活けテぶれ」を通じて、子どもたち一人ひとりが自分らしく生きられる学校づくりを目指したい。本書では、教師なら誰もが描くその願いを実現する具体的な方法を提案していきます。

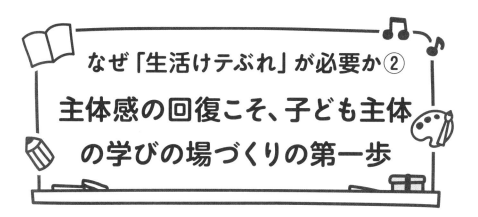

なぜ「生活けテぶれ」が必要か②
主体感の回復こそ、子ども主体の学びの場づくりの第一歩

安易に自由度を上げることの危険性

　現在「自由進度学習」といった名前で、子どもたち主体の学びの場を実現しようとする動きが教育界に広がっています。これ自体は大変素晴らしい動きですが、少し注意も必要だと感じています。

　なぜなら、日本の教育界は何度もこのような「経験主義的な学び」への移行にチャレンジし、失敗してきたからです。主体性が大切だからといって安易に子どもたちに活動を任せれば、子どもたちもまた安易な選択を繰り返し、ただ友達と楽しく話しておしまい、といった「活動あって学びなし」の空間になってしまいます。

　さらに今回のチャレンジは前回の総合的な学習の時間が導入されたときのように、週２時間程度の限定された取り組みではなく、教科学習の範囲にまで及んでいます。その程度の活動ならばひとまず友達と楽しく関わっていればそれでよかったかもしれませんが、教科の学習となるとそうは行きません。

　教科の学びを安易に子どもたちに任せてしまえば、子どもたちは大きな自由に戸惑い、また失敗できないプレッシャーも大きく、不安を感じてしまう子も少なくないでしょう。よくできる子も、問題を解き終わった後はただ友達に教えてあげるだけ。そんな「活動あって…」にすら届かないような失敗例も耳にすることがあります。

22

大切なのは「主体感」

　かと言って、子どもたちが迷わないようにワークシートを作って、学習の規律やルールを徹底させ、禁止事項を増やし…とやってしまっては結局、一律一斉の性質をどんどん呼び込むことになってしまいます。

　大切なのは「教師がやってあげる」のではなく、子どもたちの挑戦を促すことです。その勘所となるのが「主体感の再起動」です。もちろん「学び方」「チャレンジの方法」として、『けテぶれ』という手段を伝えることも大切ですが、その手段を使いこなすためには、まず子どもたちが、「自分は学校生活における主体者なのだ」「自分の生活は自分で決めて、自分でススメていくものなのだ」という感覚を深く持っていることが大切です。私はこれを「主体感」と呼びます。この主体感は学習場面よりもまず「学校生活」を舞台に育てていくべきものです。

主体感を再起動させよ

　そもそも子どもたちは「人生の主体者」として生まれてきているはずです。その感覚を呼び覚ますことが大切なのです。しかしそれは、乳幼児のような勝手わがままではいけません。だから、学校で練習する必要があるのです。自分という自由意志を持った主体と、同じように自由意志を持った他者がうまく折り合いながら、一人ひとりの個性を豊かに響き合わせることができるように。

　これがうまくできてくると、当然、学級の雰囲気はものすごく温かくなることは想像に難くないでしょう。そしてこのような「自分が自分らしく、自分のよいと思ったことをまっすぐに実行してよいのだ」という安心感こそが、子どもたち主体の学びの場づくりにおいてとても大切だと思うのです。アツい努力は、ゆるい安心感の中でこそやれるのです。**生活けテぶれで生みたいのは、自由でアツい学びの土台となる、あたたかな生活です。**

第1章　子どもとクラスを変えていく生活けテぶれって何？　　23

学校生活の中で「主体感」を育てる

　生活けテぶれは、毎日、自分で計画を立て、それを実行し、結果を振り返るという流れを繰り返します。同時に**「主人公はあなたなんだよ」**という話を、教師が子どもたちに何度も何度も伝えます。それをセットで実践していきます。

　これを繰り返していると、少しずつ「自分のことは自分で決めていいのだ」という感覚が子どもたちの中に育っていきます。そして、そこに、どんなチャレンジでも応援する教師の眼差しさえあれば、どんどん自分からチャレンジを始める子どもが生まれてくるのです。

　そうした友達を見ることで、さらに勇気づけられる子どもも出てきます。クラスの子どもたちみんなが、**「自分で考え、自分で決め、自分でチャレンジし、結果を受けて再チャレンジに向かう」**という人生の主体者としての自覚と責任を持ち始めます。

　こうなってきたときのクラスは、教師が毎日教室に行くのが楽しみになるような、前向きなパワーを発し始めます。子どもたちは、毎年「先生のクラスになったら、みんな"変人"になる！」と言います。私はそれを聞くといつもうれしい気持ちになります。それだけ子どもたちが「普通」という仮面をかぶらず、「その子」として教室で生活できているのだなとわかるからです。クラスという場が、子どもたちが生き生

きと発言し、交流し、助け合い、生きるエネルギーをお互いに生み出しあうような場所に変わっていくのです。

「まずやってみる」という軽やかさが生まれる

けテぶれは、「失敗しても、そこから学んで次に活かせばいい」という考え方で、すべてチャレンジしていくものです。しかし、勉強という場になると、失敗を怖いと感じる子もいます。

その点「友達にありがとうと言う」や「落ちているゴミを1日で5個拾う」などの、「生活」におけるチャレンジは取り組みやすく、失敗しても、再チャレンジのチャンスがたくさんあります。

だから、子どもたちは「まず、やってみよう！」という前向きな気持ちを持てます。「現在位置からの一歩」に価値があるという考えのもと、どんな些細なチャレンジも応援できる仕組みが実現できます。

深い哲学的思考をもたらす

毎日の挑戦を振り返ることで子どもたちの思考はどんどん深まっていきます。「自分はこういう時に頑張れる」「こんな時は苦手だな」「実はこういうことがしたいのかもしれない」というような自己への理解の深まりとともに、「なぜ学ぶのか」「なぜ生きるのか」「自分にとってよりよい学び方、生き方とは」「友情とは」「優しさとは」と、自分の外側、世界の在り方についても考え始める姿が出てきます。

AIが台頭し、仕事を人間から奪い去る未来もまったく飛躍した予想ではなくなってきたいま、このような哲学的な問いに対して自分なりの答えを持っておくことはものすごく大切ではないでしょうか。

これから先の世界がいかに変化しようとも、「自分が自分の人生を生きる」という事実が変わることはありません。VUCAな世界において、自分の人生の軸をしっかりと持ち、自己の、そして社会全体のウェルビーイングを実現するために必要なスキルとマインドを、「生活けテぶれ」の実践で育てていくことができるのです。

第1章 子どもとクラスを変えていく生活けテぶれって何？ **25**

子どもたちはどんな効果を実感しているのか?

　生活けテぶれは、教師からみたときには、ここまで書いてきたようなさまざまなメリットのある学び方ですが、実際の子どもたちがどのように捉えているのか、読者の方には気になるところだと思います。
　そこで、子どもたちが「生活けテぶれ」をやってみて、どう感じているのか、その感想をご紹介しましょう。

【小3女子】　最初は毎日けテぶれノートを書くのが大変だったけど、だんだん楽しくなってきました。⊕、⊖、→を使って振り返るのが、すごく分かりやすいです。友だちと振り返りを共有すると、「そういう見方もあるんだ!」って新しい発見があって面白いです。先生が星をくれると嬉しくて、もっと頑張ろうって思います。

【小4男子】　ぼくは計画を立てるのが苦手だったけど、けテぶれで少しずつ慣れてきました。
　特に算数の時間の使い方が上手くなって、テストの点数も上がりました。友だちと「今日は何から始める?」って相談するのも楽しいです。失敗しても「次はこうしよう」って考えられるようになりました。

【小3女子】　けテぶれシートを見返すと、前はできなかったことができるようになっているのがわかるのが嬉しい。班での自己紹介で自分の変化

を話すのは少し恥ずかしいけど、みんなが温かく聞いてくれるので嬉しいです。「自分らしく」という言葉の意味が、少しずつ分かってきた。

【小6男子】 6年生になって、けテぶれは完全に自分の武器になりました。昔は宿題を忘れることが多かったけど、今は計画を立てて管理できています。
　弟にも「けテぶれすごいよ」って教えてあげたら、最近やり始めました。中学生になっても、この力は絶対役立つと思います。

【小4女子】 けテぶれを始めてから、「できない」ことを恥ずかしく思わなくなりました。「まだできないけど、これから頑張る」って書けばいいんだって分かったからです。

【小5男子】 僕は最初、毎日書くのがめんどくさいと思っていました。でも、だんだん自分の考えを書くのが楽しくなってきて、今では日記みたいに好きです。なぜを追究して、実験するのが楽しいです。

【小3女子】 先生に教わったけテぶれノートを、お父さんとお母さんに見せたら、すごく驚いていました。
　「こんなに自分のことをよく考えられるようになったんだね」って。

【小3女子】 バレーの練習でも、けテぶれの考え方を使うようになりました。目標を決めて、できたかどうかを振り返ります。ノートを見返すと、自分が頑張ってきたことがわかって嬉しいし、次にやるべきこともわかります。

【小5男子】 塾の先生に、けテぶれの方法を話したら「それはいい方法だね」って言われました。今では塾の宿題も、けテぶれの計画に入れて管理しています。家でのゲームの時間も、自分で決めた時間を守れるようになって、お母さんに信頼してもらえるようになりました。
　妹も真似して始めたので、一緒に振り返りをするのが楽しみです。

第1章　子どもとクラスを変えていく生活けテぶれって何？　**27**

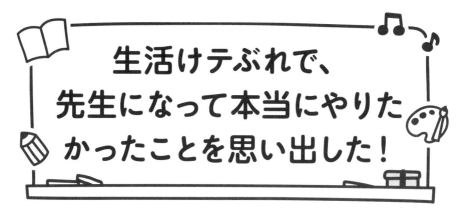

教師になって「教師」をやりすぎていた

　生活けテぶれに取り組んで子どもたちのほとばしる主体性と、温かな協働を目の当たりにし、教室の中でクラスメイトの成長変化を喜び合う日々を実現できた先生たちからよく聞くのが**「自分が教師になって本当にやりたかったことを思い出した」**という発言です。

　もちろんこれまでも一生懸命子どもたちに向き合ってきたのだが、どこか噛み合わない感じがあった。その原因として大きいのが「教師」をやりすぎていた、という点にあったと言います。教職に就くということ、教室で担任の先生として働くこと、その環境の中で暗黙的に共有されている「先生とはこうあるべき」「指導とはこうやるべき」という外側の価値観に自分を合わせすぎて、本当に自分が教室でやりたかったことが見えなくなっていたのだそうです。

　確かに社会が安定していて、その中で学校という場の位置づけが揺らいでいない状況であれば、そうやって学校文化の中で継承されてきた在り方を引き継ぐだけで、学校の機能を果たすことはできたでしょう。しかしいまはそれがうまく行かなくなっている。では、代わりに何をすればいいかもわからない。そういうボタンのかけちがいが、生活けテぶれによって解消された、ということのようです。

楽ではないが楽しい実践

次によく聞かせてもらうのが、「けテぶれとは楽ではないが、楽しい実践だよね」というお話です。実践の方法についてはこの本で詳しくご紹介しますが、決して「このシートを書くだけでOK」「子どもに任せるだけで大丈夫」といった実践ではありません。子どもたち一人ひとりの想いに寄り添い、成長変化の兆しを感じ、時には支え時には励ますような在り方が求められます。

これを大変だ、と感じるでしょうか。これこそが、「教師として本当にやりたかったこと」の一つではないでしょうか。にも関わらず、多忙を極める学校現場でどう実現してよいかわからない、そういう状態にある先生が多いのではないかと思います。生活けテぶれとは、まさに、思い描いていた教育をいまの学校現場で確実に実現する方法論なのです。

結果的に楽になる

1年の中で、指導にかかる労力もまた変化していきます。**けテぶれは徹底的に子どもたちを自律・自立に向かわせるための指導です。**その指導の魂が子どもたちに伝われば、当然、手取り足取りいろいろなことを指示して支援する必要がなくなってくるという面もあります。たとえば、僕の実践では1学期分の時間割予定を示すだけで、日々の連絡帳に持ち物や宿題などはもう書きませんでした。それは子どもたちが自分で判断できる範囲に含まれていくからです。

さらにシンプルに子どもたち同士の関係性がよくなっていきます。その仕組みは後述しますが、クラスのみんなが仲良くなり、生活上のトラブルが減る。これは教師の働き方にとっても大きなプラスとなりますよね。いわゆる「生活指導案件」が減っていくのです。「生活けテぶれ」とは、いままで後手後手にまわりがちだった「生活指導」を、毎日明確に、子どもたち一人ひとりに対して実現していく実践ともいえます。

第1章　子どもとクラスを変えていく生活けテぶれって何？　29

コラム1 生活けテぶれで目指す教育の核心

　生活けテぶれ実践を通じて、子どもたちは自分自身を深く知り、他者と共鳴しながら、人生の主人公としての感覚をつかんでいきます。

　毎日のサイクルから、週、1ヵ月、学期のサイクルまでの時間軸の広がりと、その中でさまざまな体験を行う経験値の広がりの中で、その時その時の「自己」を観察し、自分の中にどんな「深い願い」があるのかを洞察しようとする行為や習慣は、おそらく子どもたちだけでなく、大人にとっても大切ですよね。

　いまの(そしていままでの)学校文化に決定的に足りていなかった要素は、この「自分を知ること」だったのではないでしょうか。「やりたいこと」を聞いても答えられない。「自分が何者か」なんて考えたこともない。ただ学校で求められる「いい子」をやっているだけで大人になってしまった。そんな人たちは、いま、社会で大きな不安に押しつぶされているように見えます。自信がない、「自分を信じる」ことができない、なぜなら「自分」がわからないから。こんな構図の中で、漠然とした不安をいつも抱えているような子どもや大人が増えているように思います。

　こうした漠然とした不安は、「外側の情報」をいくら得ても解決することはありません。外から内へ。自分の内側に目を向け、深く自分を認め、自分を許し、自分を信じる経験をたくさんすること。こうすることでしか、この不安は解消しないのです。変化の激しい社会において自律した人格として生きていくために必要なのは、こういう営みではないでしょうか。

　教育基本法第1条の「教育は、人格の完成を目指し、平和で民主的な国家及び社会の形成者として必要な資質を備えた心身ともに健康な国民の育成を期して行われなければならない」という文言を真正面から捉え、自分を知り、人格の完成へと向かう学習環境をつくらなければならない教育の場だからこそ、この「生活けテぶれ実践」はすべての学校で、やる意義があると思っています。

やってみよう!
生活けテぶれ

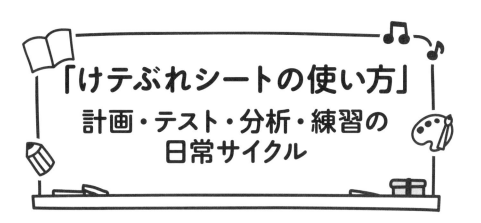

けテぶれシートの基本:朝の会での計画タイム

　生活けテぶれ実践には「けテぶれシート」(34頁参照)というワークシートを使います(シートをノートに置き換えることも可能です)。このシートを使うことで、毎日の考えや行動を整理し、自分の成長を目に見える形で確かめることができます。

　まず朝の会で、その日の計画を立てます。「今日やりたいこと」「がんばりたいこと」などを書き出します。たとえば「友達に優しくしてもらえたらありがとうと言う」とか、「ゴミが落ちていたら拾う」などです。もちろん「今日は苦手な体育があるから弱音を吐かずにがんばる」など学習に関わることでも、自分が決めて自分でチャレンジできることなら何でもOKです。もし学校で「今月の生活目標」が示されているのなら、それをそのまま書くのもいいでしょう。**何を書けばいいかわからない子にとっては「これを写せばいいだけ」という最低限の明示があることで、安心できるはずです。**

　5〜10分程度で計画を箇条書きします。複数の計画を立てるのもOKです。ひとまず朝の時間にその日1日を見通す「計画」の時間を確保してあげてください(そのためその日1日の流れは先生からしっかり説明してあげてください。それがないと計画は立てられません)。

けテぶれシートの基本：お昼頃に分析タイムを

　生活けテぶれ実践の初期によくあるミスは「計画を忘れてしまっていた」ということです。分析タイムを終わりの会に設定すると、結局その日は「計画を忘れてしまった」というだけで終わってしまいます。これでは少しもったいないですよね。

　そこで分析タイムを１日の中ほどに取ります。私の場合は、掃除が終わってから５時間目が始まるまでの間にその時間を設定していました。掃除が終わった後の教室は微妙に時間を持て余し、騒がしくなりがちですよね。そこを使うのです。掃除が終わったらけテぶれシートを机の中から出してきて、分析タイム。これを習慣化します。

　１日の中ほどの時点で朝に立てた計画の達成度を分析し、もし失敗があるなら午後の時間で成功を目指し、もし完璧なら午後の時間は成功を大成功にするチャレンジを行います。

　こうすることで、１日の中で計画・テスト・分析・練習のサイクルをまわすことができます。終わりの会では１日を振り返って５〜10分程度でけテぶれシートに加筆をして先生に提出、となります。

1日の基本的な流れ

5〜10分	計画の実行	5分	改善行動	5〜10分
け 計画	**テ** テスト	**ぶ** 分析	**れ** 練習	**け** **テ** **ぶ** **れ** シートの 仕上げ

子どもの 取り組み	朝の会 →	1 2 3 4 校 校 校 校 時 時 時 時 →	昼 →	5 6 校 校 時 時 →	帰りの会
先生の 仕事	朝の会で 通信を紹介 ←	★による フィードバックと 学級通信の作成 ←		先生が シートを 回収	

第2章　やってみよう！　生活けテぶれ　33

けテぶれシートの使い方

けテぶれシート

月　日（　　）　～スター☆チャレンジ～　　名前（　　　　　）

け計画　今日のスター☆チャレンジ（月と太陽を意識しよう！）
今日の目標を箇条書きにします。 ● ← 分析は計画のマルつけから始めます ● ● →テ計画に丸付けをして得点をだそう　[　　　]点

⊕成功したこと→次はどうするか	⊖失敗したこと→次はどうするか
⊕○○がうまくいった。 →次はさらにレベルアップしたい ↑ 文頭には⊕⊖→などの記号を	⊖△△に失敗してしまった。 →次からはちがうやり方で挑戦してみよう。 ⊕でもそのおかげで○○がわかった。 文頭に⊕の記号をつけてこの枠に⊕のことを書いてもok
?→!：わかったこと	!→?：わからないこと
!○○をするには□□が大切だとわかった！ →次からはそれを意識しよう	?△△をもっとうまくやるにはどうすればいいのだろう？

☆自分の変化
○○が好きになってきた！ 明日は苦手な○○があるけどがんばれ！ ↑ 明日の自分にメッセージを書くのもOK

← けテぶれシートのダウンロードはこちらから。

ノートに生活けテぶれを書く場合

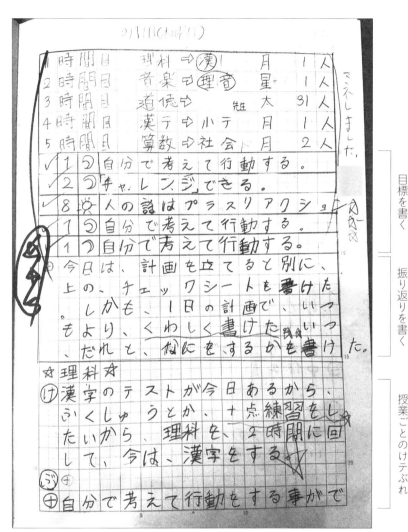

ノートに生活けテぶれの「計画・テスト・分析・練習」を書く場合には、このノートのように今日の目標を箇条書きにして、そのうえで今日の振り返りを書きます。

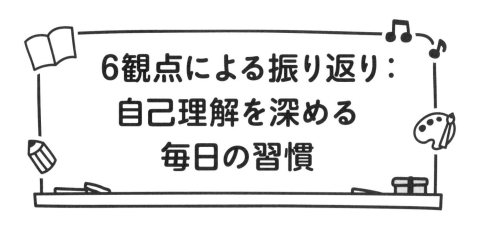

けテぶれシートに使われている振り返りの6観点

けテぶれシートには、次の6つのマークが使われています。これはそれぞれ振り返りの観点を示すマークになっています。

- ⊕：せいこうした、うれしかった、たのしかったこと
- ⊖：しっぱいした、くやしかったこと
- ⊖→：つぎはどうするか
- ！：わかったこと、大切だなと思ったこと
- ？：「なぜ？」「どうやって？」……
- ☆：変化したこと

けテぶれシートでは、この6観点を活用して、自分の生活を振り返ることになります。けテぶれシートが**単なる日記と一味違うのは、「計画」の存在と、それと照らし合わせて毎日の実経験をこのような観点で切り分け、分析的な思考を促すところにあります。**

取り組み始めは「⊕、⊖、⊖→」の3観点から始めるのもいいでしょうし、振り返りが深まってくればオリジナルのマークを考え出してもOKです。ただ漠然と振り返るのではなく明確にどんな観点で振り返るべきなのかを、教師が示すことが大切です。

まずはの⊕⊖⊖3観点から始めよう

始めの3観点「⊕、⊖、⊖」は外向きに問題解決的な思考を促します。中でもとくに大切（かつ、見落としがち）なのが「⊕」つまり、「成功したこと」へのまなざしです。**けテぶれ的な自己改善サイクルをまわす実践において、努力＝自分の欠点を見つけて補っていく行為と認識してしまうと、そのサイクルは大変つらいものになってしまいます。**いつも結果から、何らかの欠点を見つけ出し、改善しなければ！　という意識が働いてしまうからです。

反対にプラスをダブルプラスにする、成功を大成功にするにはどうすればいいのか、という思考が子どもを前向きにします。

この「⊕、⊖、⊖」の3観点は「自分の挑戦を成功と失敗の両面からみて、次の一歩を考えてほしい」という思いで設定しています。子どもたちへの声かけでもここを意識させたいところです。たとえば「80点くらいの到達度であれば、失敗よりも成功に目を向けてポジティブな面を大きくしていくような「⊖」を考えてみてね」という言葉かけが望ましいです。

経験から、より深い意味や価値を導く3観点

あとの3観点「①、?、✪」は、自分の成功や失敗から「教訓（！）や問い（？）」を見出す観点です。この観点をうまく使えるようになると、自分の経験から、より深く本質的な気づきを引き出すことができるようになります。

さらに「✪」ではそんなさまざまな経験の中で起こる「自分の変化」を捉えていきます。**「自由」進度学習や、「自己」調整学習など、子どもたち主体の学びは、子どもたちが「自分」に目を向けて自分を理解しようとすることなくしては、成立しません。**多様な経験はそれだけ多様な「自分」を見つけていく営みなのです。

第2章　やってみよう！　生活けテぶれ　　**37**

6観点を用いた子どもたちの記述

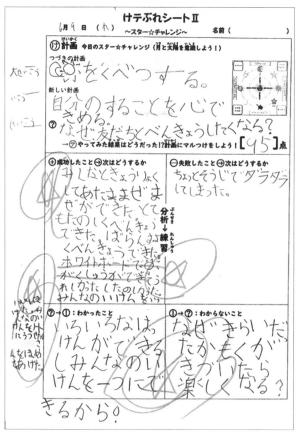

←その時感じたこと、気づいたことは、その瞬間に言葉にすることでキャッチできます。書けないのではなく、思い浮かんでいることをキャッチできていないだけのケースも多いです。思考を書き出す習慣は、子どもたちのメタ認知にも、思考の深まりにもとても大切です。

左下写真：6観点のマークを連続させながら、思考を深めている様子がわかります。

右下写真：この子は「少し自由を勘違いしていた。やるべきことがあるのに」という気づきから、「宿題や自学の時間は算数に使う」と決意している様子でした。

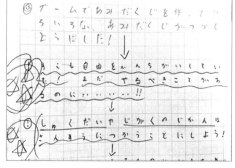

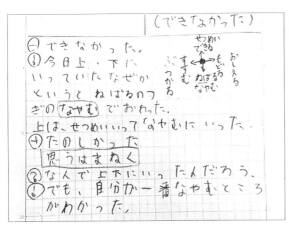

←この子は今日1日、「説明できる」と「悩む」の間を揺れて、その結果、自分が一番悩むところがわかったという思考の経過をしっかり捉えています。

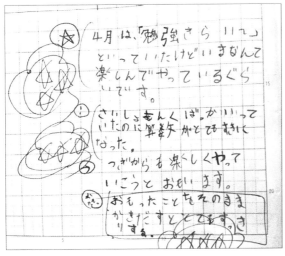

←4月に勉強を嫌いと言っていたところから、どんどん変わっていった子です。「思ったことをそのまま書き出すととてもすっきりする」と書いています。書くことのよさは、書き続けることで、徐々に理解していくことができます。絵や図にして書き出すのもOKです。ぜひ、このよさを感じさせてあげたいところです。

コンボで学びを加速

　たとえば、⊕の後に⊖を書けば2コンボとするなど、複数の観点の振り返りができたら「コンボ」と呼んで価値づけるのも一つのアイデアです。これにより、子どもたちは「今日は5コンボ達成！」など、自分の成長を数値として実感できるようになります。このようにゲームの要素を取り入れることにより、振り返りが楽しい活動となり、自己評価のスキルも自然と身についていきます。

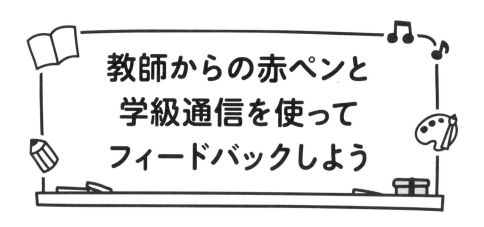

まずは学級の中で大切にしてほしいことを見つけて取り上げよう

　放課後には教師は、子どもたちから提出されたけテぶれシートに目を通し、簡単に赤ペンでフィードバックを行い、いい記述は抜き出して学級通信に紹介する、ということをします。ここは少し負担に思われるかもしれませんが、**こういう地道な積み重ねが大きな子どもたちの変化を生み出します。**

　どの子にも一人ひとりコメントを返していては時間がいくらあっても間に合わないので、私はいいところに☆マークを書くだけにしていました。よい箇所にはアンダーラインを引いて星一つ、みんなに紹介したいくらいよいところには星二つ、クラスの誰も気づいていないことや考えついていないことを書けていたら星三つとしました（また、その子の中で大きな変容やチャレンジが見て取れた場合にも星三つです）。

　この簡単なルールに基づき、一気に目を通し、学級通信の作成までやってしまいます。子どもたちが帰った瞬間、職員室に戻り、赤ペン入れをして学級通信を作成。このルーティンができればそれほど時間が取られる業務にはなりません。

星の数とその基準

シンプルな評価規準で子どもも大人もわかりやすく

　取り上げるべき記述は、あまり難しく考えず、シンプルに学校生活を送る上で望ましいなと思われるところを感覚的に取り上げていくところから始めていいと思います。どんな記述を取り上げるかの拠り所としては「道徳の内容項目」※がわかりやすいです。定期的に目を通し、子どもたちの記述に対する評価が偏っていないかどうか、チェックしましょう（117頁のクラスアンケートにつながります）。

学級通信は必ず出そう

　星による評価では、子どもたちは自分の記述の中のどこが評価されたのかはわかりますが、どのように評価されたのかはわかりません。その情報を補うツールが、学級通信になります。子どもたちの具体的な記述とそれがどのようによいのかということを端的に紹介するような学級通信を目指しましょう。

※『小学校学習指導要領(平成29年告示)解説　特別の教科　道徳編』(平成29年7月)、第3章第2節参照。

第2章　やってみよう！　生活けテぶれ　41

学級通信の例

令和4年5月19日(木)

３－３　スター☆通信　vol.15

さんが九九表を作ってくれたし宿題も作ってくれた。　　　さんも作ってくれた（　　　くん）	素晴らしい関わりでしたね。友だちが支えてくれるとやる気も出るよね。
3人交流がうるさくならないように、こうかんし合うということにしたらうまくいった！（　君）	うまくいかないことは、工夫するとよくなるんだね。これぞナイスてブれ！
君がとても丁寧に教えてくれて、自分も　　　君みたいにかっこよくなりたいと思った（　君）	「人にやさしくできる」っていうのはかっこいいことなんだね。すてきな考えだね！
君が　　　くんに九九表や宿題を作ってあげていてすごいと思った（　　　くん）	「友だちの学習をサポートする」っていうのが何をするべきなのか、わかってきたね。
あいさつをレベルアップさせるために「おもいやり」を大切にする（　　　さん）	「信じる→思いやる」をしっかり意識できているね。たくさんチャレンジしてみよう！
図で考える（　君、　　　君、　　　さん）	図で考えられる人も多くなってきました。算数だけじゃなくて、いろんなところに図が使えますね。
交流の時、　　　さんがいいリアクションや拍手をしてくれてマネしたいとおもった（　　　さん）	相手が勇気を出してお話をしてくれたら、温かい反応を返してあげたいよね。
友だちの机がぐちゃぐちゃだったのですべてかたづけてあげた（　　　くん）	「こうしてあげるべきだな…」と考えて、実際に行動できることが素晴らしい！
わりざんの文章問題を乗りこえるために、文章をりかいする（　　　君）	苦手に向き合う。向き合い続ける。これができるとたくさんの学びが生まれますよ！
何でそうなるか、をしっかり考える（　　　さん）	答えを知るだけでなく、そのウラにある「理由」を意識すると深く理解できるね。

ともだちがわからない九九表やプリントを作ってあげた（　　　くん、　　　君）

「教えてあげる」のレベルで何をすればいいかを示してくれたね。友だちの学習をサポートするためには、友だちの苦手はどこだろう？その苦手を乗りこえるためにはなにをしてあげればいいだろう？と深く考える必要があるよね！まさだくん、素晴らしいお手本を見せてくれてありがとう！

「しっぱいはいい？だめ？」というタイトルで作文をする（　　　さん）

「図」は算数以外にもどこにでも使える！（　　　くん）

この二人もとても素晴らしいことに気づいて、それを実際にやってみていますね。自分の考えを文章や図で表現する、ということは大人になっても大切なスキルです。

このような学級通信を出していました。子どもたちのよいところを具体的に評価するのがポイントです。

42

学級通信で子どもたちにコメントチャレンジを

令和4年6月16日(木)

3-3　スター☆通信　vol.31

↓　今回のよい記述!　←どこがよいのかみんなでコメントチャレンジ!

(先生の実際のコメントは裏面にあります)

さんと　　　さんと算数の問題をして、5時間目にも続きをやって、問題を作って出し合って、全部正解できました（　　君）	
時計の学習では「どんな種類の問題があるか」ということを調べて図にすることができた（　　君）	
理科の時間に「やるべきこと」を先に終わらせてから、「やりたいこと」をやれた（　さん、　君、君、　さん、　　さん…）	
カゼで休んでいたけど、家でQNKSをがんばって書いてきた（　　さん）	
字をざつに書くクセを直す。（　　君）かきじゅんに気をつけたら字がきれいになった（　　　くん）	
そうじでチームけテぶれが終わった後に、やれてなかったことに気づいて、　　さんとふたりでそうじのやり直しをした。なんだか心がスッキリした（　　さん）	

コメントチャレンジの2回目です。うら面には、先生が実際に書いたコメントを印刷しています。ヒントにしてみて!

← 通信で"よい記述"のみを抜き出し、何がどのようによいのかは子どもたちが考えて書き込む、という穴埋め形式の通信もおもしろいです。

裏面には先生のコメント→を載せておき、自分の意見と先生のコメントを比べられるようにします。

令和4年6月16日(木)

3-3　スター☆通信　vol.31

(うら面。右欄が先生のコメント)

さんと　　　さんと算数の問題をして、5時間目にも続きをやって、問題を作って出し合って、全部正解できました（　　君）	これが「太陽＋月」のいいすがたですよね。みんなで楽しくできるからこそ、真剣に、やることに向き合えるんだよね。チームみんなでかしこくなれて素晴らしい!「かしこくなる(月)」だけでなく「なかよく(太陽)」もなれたね!
時計の学習では「どんな種類の問題があるか」ということを調べて図にすることができた（　　君）	問題の種類がわかっていて、ねらいを定めてけテぶれを回すことができるよね。「今回の学習では、どんな種類の問題があるか」という問いは、これからの学習すべてで使えるいい問いですよ!
理科の時間に「やるべきこと」を先に終わらせてから、「やりたいこと」をやれた（　さん、　君、君、　さん、　　さん…）	「やるべきこと」と「やりたいこと」の両方が目の前にあるとき、「先にやるべきことを終わらせてから、やりたいことを思いっきりやる」という方法は、かなり成功の確率が高いいい方法ですよね。この武器はいろいろなところで使えますよ!
カゼで休んでいたけど、家でQNKSをがんばって書いてきた（　　さん）	3-3で「練習」していることはすべて、3-3が終わった後でもみんなの勉強の役に立つようにやっています。つまり、クラスを出た後が「本番」なんです。先生もいない、友だちもいないおうちで、学校で練習したことを思いっきりできる、ということは、本当にすごいことなんですよ!
字をざつに書くクセを直す。（　　君）かきじゅんに気をつけたら字がきれいになった（　　　くん）	「自分の弱点に目を向けて、乗りこえようとする」これはけテぶれのキホン中のキホンですが、しっかりやろうとすると本当にむずかしいことです。字をきれいに書く、書き順を適当にしない。弱点にむきあって乗りこえられたとき、新しい成長が手に入りますよ!
そうじでチームけテぶれが終わった後に、やれてなかったことに気づいて、　　さんとふたりでそうじのやり直しをした。なんだか心がスッキリした（　　さん）	これこそ「心に勝つ」というすがたです。めんどくさいな、ちゃんとやったもん。こんな心に勝って、いやいや、それでも失敗したなら取り戻そう!と頑張る。そうしたら「スッキリ」するんですよね。心に負けたら、そうじはしなくて楽かもしれませんが、なんだか心が「モヤモヤ」するのです。そういう自分の心に気づけたら、「心に勝つよさ」がわかってきますね。

朝の会での紹介

朝の会で学級通信を使う：
子どもたちの行動と目標をつなげる

　学級通信を作ったら、必ず朝の会で子どもたちに紹介しましょう。朝の会で友達のよい記述を共有することで、子どもたちはその学びをその日の計画にすぐに反映させることができます。このとき、学級目標や学校目標など"みんなが共有しているよさの拠り所"を物差しにして、子どもたちの行動を評価し、意味づけすることが大切です。

　たとえば「世界一楽しいクラス」という目標がある場合、子どもたちの具体的な行動をこの目標に照らし合わせて評価します。

　「〇〇さんの優しい行動は、みんなを笑顔にさせるね。こういう行動が増えると、私たちの目標に近づけるよ」といった具合に、子どもたちの実際の行動と大きな目標をつなげます。

　「△△くんが困っている友達を助けたのは、とても勇気のある素晴らしい行動だね。こうやって正しく行動できることも、世界一楽しいクラスには必要だよね」というように、さまざまな場面で目標と行動を結びつけていきます。こうすることで子どもたちは学級の目標を単なる綺麗事ではなく、自分たちの毎日の生活につながった指針として認識するようになります。

← 右頁の心マトリクスのダウンロードはこちらから。

よさの拠り所として「心マトリクス」が使える

　何が「よい」ことなのか、というよさの拠り所を学級目標に置くのもいいですが、私が実践している「心マトリクス」という道具を使うことも大変おすすめです。これは、道徳的な価値をより具体的に、そして体系的に示すツールです。

　心マトリクスを学級の目標の位置に置くことで、「何がよいことか」をより明確に子どもたちに伝えることができます（これは非常に効果的かつ強力なツールなので、54～59頁に詳しく紹介します）。

心マトリクス

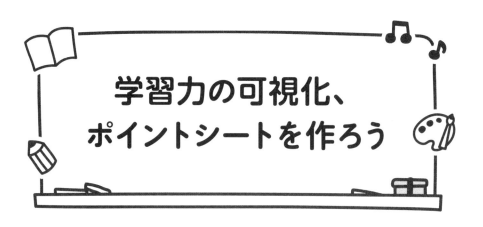

学習力の可視化、ポイントシートを作ろう

努力の可視化

　子どもたちのノートに付ける「☆」は、その数を数えて記録し、蓄積することでさらなる教育的効果を発揮させることができます。その星の数は自分のチャレンジ(試行)と、そこから生まれた経験に対する振り返り(思考)が可視化された数といえます。だから、**この星の数を数えるという行為は、自分の試行と思考の質や量を評価することにつながるのです。**また、こういった教育的な構造とは別に、単に「星がたくさんもらえる」ということを、子どもたちはすごく前向きなモチベーションに変えていきます。

「いま」が見えると「次」を描ける

　ポイントシートに星の数を記入していくことで、子どもたちは自分で学習の様子を把握できるようになります。
　「先週より☆の数が増えた」「この教科は☆がたくさんもらえている」といった気づきが生まれます。
　これは、単純に外発的な動機づけを刺激するツールとしても非常に強力ですし、その評価の基準を明確に持つことで、子どもたちを人生の主体者へと育てていくための形成的な評価(主体的に学びに向かう態度の評価)としてもとても有効な手立てとなります。

←右頁のポイントシートのダウンロードはこちらから。

46

☆を数える楽しい習慣

　具体的なやり方は簡単です。まず、朝に返されるけテぶれシートを見て、先生が書いてくれた☆の数を数えます。次に、用意したポイントシートに、その日の日付と☆の数を書き込みます（このような数値化には注意点もあります。詳しくは 72 頁）。

振り返りで深まる学び

　後述しますが、けテぶれシートを活用した生活けテぶれ実践では、週に１回の振り返りをとても大切にしています。その際、このポイントシートに貯まっている「星の数」という基準は、その１週間の自分の生活や学習の質を考えるにあたって非常にわかりやすい一つの指標となります。「今週はとくに☆がたくさんもらえたな」「この教科は☆が少ないから、もっとがんばろう」といった気づきが生まれるでしょう。

ポイントシートの使い方

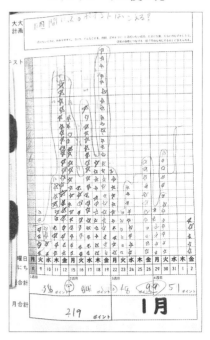

棒グラフのように縦に積み上げるデザインにすることで、日々の「主体的に学びに向かう態度」のアップダウンを可視化することができます。

第2章　やってみよう！　生活けテぶれ

今日の計画作成：
フィードバックを活かした新たな挑戦

　教師が赤ペンを入れたけテぶれシートは毎日返却します。子どもたちは返却されたけテぶれシートの星の数を数え、朝の会での先生の話を受けて、新たな1日の計画を立てます。この段階では、教師は次の点を意識して指導します。

①子どもたちに、朝の会での先生の話や昨日の自分のシートの星がもらえた部分を見返すことなどから、今日の計画にそれをどう活かせるか考えさせる。

②「いまの気持ちを大切に、そこから計画を考えてね」というメッセージを発し続ける（「眠いなら眠いと書いてみよう！」）。

③見通しをあえて持たずに、ひとまずやっくみく考えるというやり方もOKであるという柔軟な意識で指導にあたる。

　①ではけテぶれの"サイクルである"という特性を活かします。今日の計画は昨日の結果と結びついているはず。「昨日成功したことをもう一度やってみる」「昨日失敗したことに別の方法でもう一度チャレンジしてみる」というように、トライ・アンド・エラーのサイクルを子どもたちに意識させていきます。そうすると、この生活けテぶれがどんどん楽しく、自分ごととなっていきます。

②では、「どんなあなたもそれが"現在位置"であり、それを自分で捉えることこそ、あなたがあなたを動かす第一歩だよね」という認識を伝えます。**いい子になる必要も、綺麗事を書く必要もないのです。子どもが、自分の気持ちをそのまま書けることの大事さ、その価値を、伝えてあげたいところです。**

③では、さらに"こうあるべき"という意識を崩していきます。「計画を書かない」という計画もアリです。目的や目標に向かう手段は無限。どこまでを開放するかは、教師のチューニングによるところですが手段は柔軟に。ぜひ、目の前の子どもたちの発想に合わせて、柔軟に取り組ませてあげてください。

計画が書けたら手を上げて発表を求めよう

計画の立案と記入は、はやい子だとものの1、2分で書けてしまうでしょう。そういう子には、「書けて終わり」とするのではなくぜひ、「発表」にチャレンジしてみてね、と促します。教師が持つ正解を探ろうとする発表ではなく、子ども自身の生活の目標の発表です。これはある種、宣言にも近い雰囲気になります。

発表してくれる子どもたちがいたら、その行動宣言を受けて、教師はまたその場で、その子たちそれぞれのチャレンジの意義を洞察し、価値づけをする言葉をかけていきます。このとき他の子たちはまだ自分のシートを書いている状態でOKです。手を止めて発表者の方を見る、ということまではさせなくてよいです。

全員が静かに計画を書く時間ならば、その場で誰かが発表する声は確実に耳に入ります。そして、書きながら聞くことで瞬時にそのやり取りの中から真似したい要素を見つけ、自分の計画に反映させることができます。このような理由から、私は書いている子と発表している子が並存する場をつくっていました。

第2章　やってみよう！　生活けテぶれ　**49**

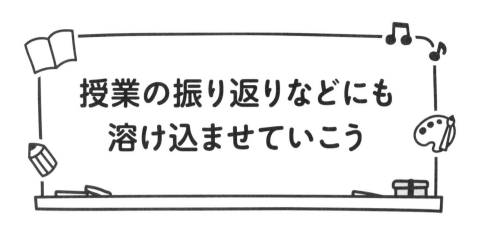

授業の振り返りなどにも溶け込ませていこう

授業の最後の5分を有効活用：6観点で振り返る

　けテぶれシートで使う6つの観点（⊕、⊖、⊖、!、?、☆）は、授業の振り返りにも使えます。授業の最後の5分間を使って、この6つの観点で振り返る時間を設けてみましょう。シートの活用初期、まだ記述量が少ないうちは1枚のシートに追記していく形から始め、記述できる量が増えてくれば一授業で1枚のシートを使う形に変えていくといいでしょう（ノートに移行するというのもアリです）。

　たとえば、算数の授業なら、「今日の授業でわかったこと⊕」「まだ難しかったこと⊖」「次の授業でやってみたいこと⊖」「これがポイントだと思うところ!」「新しく生まれた疑問?」「自分の成長を感じたこと☆」といった具合に振り返ることができます。

　とくに総合的な学習の時間などの自由度の高い活動や、行事に向けた練習、校外学習などのイベントの振り返りでは、それ専用に1枚「けテぶれシート」を用意すれば、わざわざ行事ごとに特別な振り返りシートを作る必要もなくなりますし、子どもたちにとっても書きやすいでしょう。

　「自分で考えて自分で行動する」という主体感を感じられる経験にこそ、6観点の気づきがたくさん生まれます（逆に教師主導の単線型

一斉授業では、子どもたちがシートに書けることが極端に減ったり、また、一様のことしか書けないということにも気づかされます）。

朝の計画にも影響：先を見通す力が育つ

毎日の授業で振り返りを行っていくと、朝の「計画」も徐々に授業のことを想定した記述が増えてきます。

たとえば、「今日の国語は物語文の読解だから、登場人物の気持ちの変化に注目しよう」「この前の体育の授業は少しふざけてしまったから、今日は気をつけよう」と、その日の授業を見通した計画を立てる子どもが増えていきます。

このように考えられる子が増えてくれば、授業の自由度も上げやすくなると思いませんか？　**これが、学習者主体の学びの場を実現していくにあたってもっとも大切な、「主体感」つまり、「自分が自分の行動の主体であるという感覚」を子どもたちの中に呼び覚ましていくという具体的な営みなのです。**

教師にとっても重要な情報源になる

けテぶれシートが授業にまで溶け込んでいくと、次のような運用になっていきます。

①朝の時間で今日の学習を見通し、目標を立てる

②各授業の始めにシートを確認し、加除修正してから授業に入る

③授業後にシートを出して振り返る

授業にどんどん溶け込ませていくことで、このシートにおける記述は教師にとっても、子どもたちの理解度や興味関心を把握する貴重な情報源となります。

さらに学習のシステムを整え、子どもたちが主体的に動ける時間と場所を拡大させ、意識的にこの記述を高め、深めていくことで、「学習の調整×粘り強さ」で見る「主体的に学びに向かう態度」の評価の根拠として活用することも十分可能になります。

授業にシートを活用する例

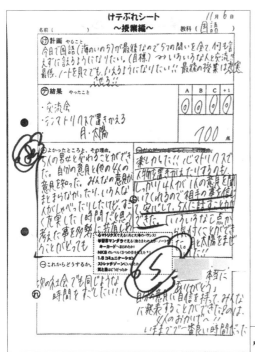

1時間で1枚のシートを使って、計画と振り返りを書き込みます。学習内容についての記述は教科のノートに行い、このシートには主に「学び方」に関する記述を促すとよいでしょう。

シートは一つのファイルに蓄積し、単元末にその教科のシートをファイルから抜き出せば、単元を通した自分の学びの蓄積が見えるようになります。

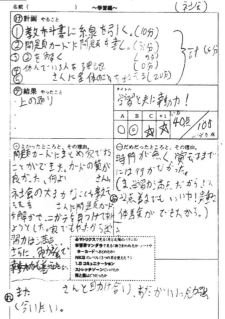

学び方のマトリクス

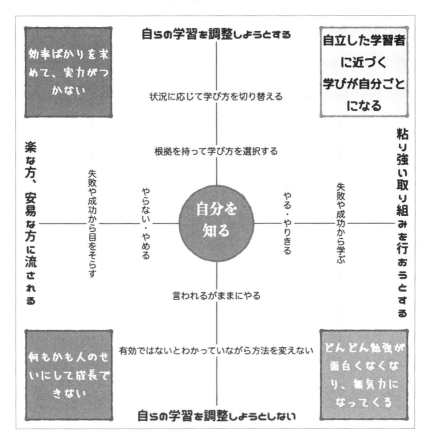

　「主体的に学びに向かう態度」の評価軸を根拠に作成したこのような図（学び方のマトリクス）があると、子どもたちは「粘り強さ×自己調整」の観点で「自己評価」ができるようになります。指導と評価が一体であると同時に、自己評価と他者評価も一体となるような仕組みづくりをすることも、学習者主体の学びの場づくりには大切です（一方的に評価を押しつけられる環境を、子どもたち主体である、とは言いにくいですよね）。

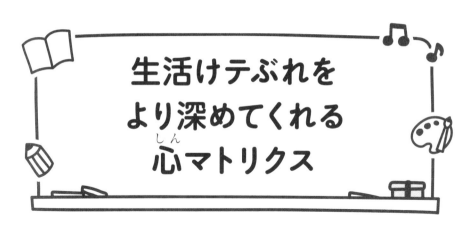

心マトリクスとは：自分の心を地図にする

　私がけテぶれの実践の中で、子どもに自分の状態をメタ認知してもらう必要に迫られ、作ったのが心マトリクスです。心マトリクスは、自分の気持ちや行動をわかりやすく地図のように表わす道具です。この図は道徳の内容項目ともよく符合します(詳しくは下記のQRコードへ)。これを図化し、教室に掲示するということで、道徳的内容に関する思考と対話の土台を、教師と子どもたちとの間につくることができます。

　教師が道徳的に深い内容のことを語りたいときに、この心マトリクスを使って語ると子どもたちが理解しやすく、また、子どもたち一人ひとりが道徳的思考を深めるための助けにもなり、さらに、子どもたち同士が対話的に思考を深めるときにも大変役立つツールです。

　日々この図で自分の学びや生活を振り返り、道徳の時間にも心マトリクスで登場人物の心情や葛藤を解釈するという構造を取ると、より自分の経験と道徳教材の内容をつなげながら考えられるようになります。

　生活指導、道徳指導における「主体的で対話的で深い学び」を実現するための大変効果的なツールとして、私の学級では毎年、心マトリクスを教室の前の壁の中央に掲示し、毎日活用していました。

　← 心マトリクスについて詳しくはこちらから。

心の現在位置を知る

心マトリクスには縦と横の2つの軸があります。

　心マトリクスのメッセージはシンプルに「一生懸命生きましょう」（縦軸）、「人に優しくなりましょう（横軸）」の二つです。

　縦の軸は「月の力」で、上に行くほど、自分で考えて行動している状態です。下に行くほど、考えずに行動している状態になります。

　横の軸は「太陽の力」で、右に行くほど、人を信じ、思いやりを持って行動している状態です。左に行くほど、人を疑い、自分のことばかり考えている状態になります。

　この2つの軸が交わってできる4つの領域には、「星」「イライラ」「お花畑」「ブラックホール」という心の状態を表わす名前がついています。

　心マトリクスで子どもたちがいま自分の心がどのような状態にあるのかという「心の現在位置」を見えるようにします。自分が自分の行動の主体となるとき、自分の心の状態について自覚的であることはとても大事です。

「心の状態を表わす言葉」を持つこと

　人の感情はこんな図よりももっと複雑です。しかし、「複雑だから」といってその領域を何の整理もしなければ「心」について対話することはできません。心マトリクスはその曖昧で複雑な「心」について対話するための土台として機能します。図になっているので、指を指すだけでも自分の心の状態を表現できます。そのように表現できるということは他者に自分の状態を伝えるためにも、自分で自分の状態を理解するためにも大変大切な足場かけとなります。

第2章　やってみよう！　生活けテぶれ　55

心マトリクスを活用した教師のフィードバック例

心マトリクスによる解釈を伝えてみよう

　子どもたちへのフィードバックにはぜひ、心マトリクスを使ってみてください。たとえば子どもが「Aくんにありがとうと言われ嬉しかった」と書いてきたらこれは心マトリクスの「太陽ニコニコ」にあたります。太陽ゾーンを見るとそこに至るまでに「信じる、思いやる」とあります。

　そこで教師は「なるほど。多分あなたはAくんのありがとうという言葉の後ろにある、あなたのことを信じて思いやる気持ちがうれしかったのかも知れないね。きっとありがとうと言ったら喜んでくれると信じ、あなたをうれしい気持ちにさせたいと思い"ありがとう"と言ってくれたんじゃないかな。ありがとうの言葉を受け取るということはその後ろにあるこんな温かい気持ちも同時に受け取れるのだね。素敵だね」と価値づけします。

　すると、その子への教師の言葉を聞いていたAくんも、ただあたりまえのように「ありがとう」と言っただけの経験を振り返り、自分の中にはそんな気持ちが働いていたのかな、と考えるきっかけとなり、Aくんから言ってもらえた子も「ありがとう」という言葉がなぜうれしい気持ちになるのかということを考えるきっかけを得ることができます。

心の現在位置がわかると次が見えてくる

　もう一つの例を挙げてみましょう。子どもがノートに「テストで悪い点を取ってしまった。もうダメだ」と書いた場合を考えてみます。

　この記述は心マトリクスの「ブラックホール」に近い状態を示しています。教師は次のようにフィードバックできるでしょう。

　「テストの結果で落ち込んでいるんだね。いまはブラックホールに吸い込まれそうな気分かもしれない。でも、心マトリクスを見てごらん。ブラックホールの周りには他のゾーンもあるよね。いまはもうだめだと自分を"疑う"ゾーンにいるかもしれないけど、少し上を見ると"考えて動く"月のゾーンがあるよ。

　テスト結果から何を学べるか考えてみよう。どの部分が難しかった？次はどう準備すればいいと思う？　または、今回の結果は全部がだめだった？　この部分は成功したってところもあるんじゃない？　そうやって考えて行動することで、少しずつ月のゾーンに移動できるよ。

　そして、右側を見てみて。"信じて思いやる"太陽のゾーンがあるでしょう。自分を信じることも大切だし、周りの人のサポートを受け入れることも大事なんだ。友達や先生、家族に相談してみるのもいいかもしれないね。

　一つのテストの結果があなたのすべてを決めるわけじゃない。これを機会に、より効果的な学習方法を見つけていけたら、きっと次は一歩でも半歩でも前に進めるはずだよ」

　単にテストで悪い点を取って落ち込むというシーンもそれが心の地図「心マトリクス」で解釈したときにどの場所にあたるか。このような「心の現在位置」がわかれば、「次の一歩」を踏み出すための思考がまわり始めるのです。

　このようにして、心マトリクスを活用していくと、子どもたちみんなが「よさ」について哲学的に思考し、対話するときの強力なツールとなっていきます。

第2章　やってみよう！　生活けテぶれ　**57**

最初は「見守る」の姿勢から

　当然ですが、心マトリクスを教室に導入した瞬間からどの子も自分の感情や行動を振り返り、マトリクス上の位置を自然に見出せるようになるわけではありません。できる子やピンときた子から徐々にその活用が広がっていきます。

　教師としては「あなたはここにいるね」と断定するのではなく、「いまどこにいる？」と心マトリクスを共に見ながら問いかけることで、子ども自身の気づきを促すアプローチをすることが効果的です。とくに導入初期は、子どもたちの反応を観察し、理解度に合わせて段階的に活用を広げていくことが大切です。

すべての感情に価値がある

　心マトリクスを使う上で、もっとも重要な認識は「すべての感情に価値がある」ということです。「イライラ」も「ダラダラ」も、そして「ドロドロ」さえも、成長のために必要な状態なのです。教師は、ネガティブな感情を否定したり、すぐに「よい状態」に移行するよう促したりするのではなく、「いまその感情がその子の中に湧き上がっているのは、その子の生命のバランスとして必要だから」という解釈のもと、その感情をありのまま受け止める姿勢を示すことが大切です。これに

より、子どもたちは自分の感情を正直に表現できるようになり、より深い自己理解につながります。たとえば、「ダラダラ」している状態の子どもに対して、その状態を否定するのではなく、「いまは休憩が必要な時期なのかもしれないね」と受容的に接することで、子どもは自分の状態を素直に見つめることができます。

日常的な活用を意識する

心マトリクスは特別な場面だけでなく、日常的な指導の中で自然に活用することが効果的です。まずは、教師が心マトリクスを使って、あらゆる場面を解釈できるようになることを目指しましょう。とくに子どもたちに生活上の指導をする必要が出たとき、それをすぐに言葉にするのではなく、一度、心マトリクスのフィルターを通すのです。

たとえば、過度に仲良し同士で固まって他者と交流しようとしないようなグループができてしまっている場合、その状態を心マトリクスで解釈するとどうなるでしょうか。

そのグループの中には、「疑う」気持ちと、「自分たちさえよければいい」という「自己中心的」な気持ちが働いている可能性があります。でも初めからそんなネガティブな行動で集まっているわけではなく、もしかしたら始まりは、仲良し同士で集まっていただけかもしれません。つまり太陽の動きだった可能性があります。しかし、そこから「考えて動く」という月のパワーがだんだん下がってきて、お花、沼、と落ちていってしまった。そうなるとだんだん退屈になり、努力していない自分たちはどうせマイナスに見られているのだろう、と周りを「疑う」気持ちや、自分たちだけという「自己中心的」な気持ちが出てきた、という経緯があるかもしれません。そしてまた自分たちが他者を疑うと、他者もまた自分たちを疑ってくる。出したエネルギーが返ってくる。こうして負のサイクルがまわっているのかもしれない、と冷静にフラットに状況を解釈していくことができると、子どもたちも自分たちの状況を理解していくことができるかもしれません。

第2章　やってみよう！　生活けテぶれ　**59**

心マトリクスで考える子どもたちの記述例

学習場面では、月（個別学習）と太陽（協働的学習）のバランスを取ることが大切です。

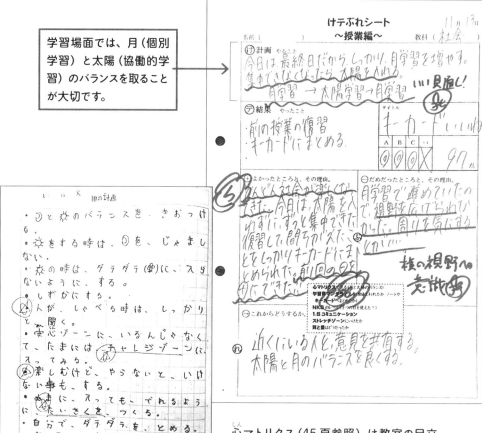

心マトリクス（45頁参照）は教室の目立つ場所に提示し、計画や振り返りの際には常に心マトリクスを見ながら思考します。

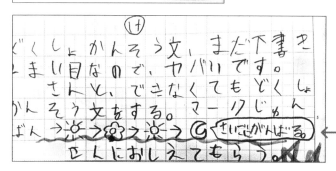

このように心マトリクスのマークで心の動きを捉えてもよい

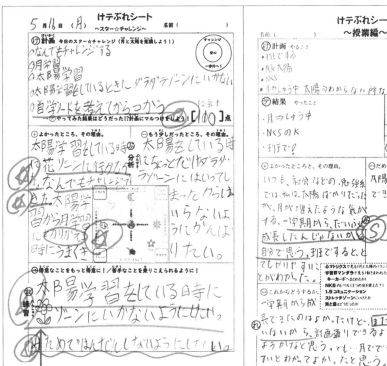
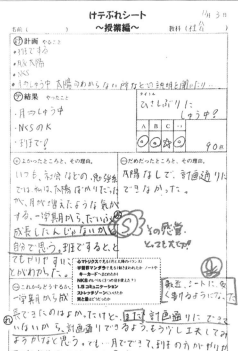
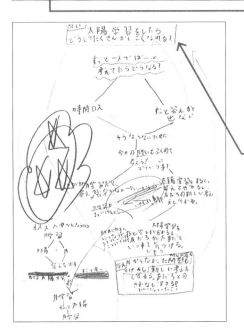

> お花ゾーン、沼ゾーンなどネガティブな場所に行ってしまう経験もたくさんすることで、より大きな視野で自分を冷静に見つめ、対処することができるようになっていきます。

> この子は、太陽の心で学習したらどうしてたくさん賢くなれるのかを考察しています。

心マトリクスについて詳しくはこちらから→

心マトリクスを使った記述をけテぶれシートに書いている様子

けテぶれシート

5月16日（月）
~スター☆チャレンジ~　　　名前（　　　　　）

け **計画** 今日のスター☆チャレンジ（月と太陽を意識しよう！）

- 大ぜんこう —— 分からなかったら、話し合う。
- ふつう —— にが手な事はできるまでチャレンジしつづける。
- 大せいこう —— 1日ですごし！と思った人の事をまねする。
- せいこう！ —— 友だちとなかよくする。
- もくひょう —— チャイムがなってもあそんでる子は、ちゅう意する。

→ テ やってみた結果はどうだった！？計画にマルつけをしよう！ [　　] 点

＋ よかったところ、その理由。

大きな声であいさつできた ☆

あんま知らない歌だけど歌えた。月の学習の中に本陽の学習をまぜれた。☆

漢字を集中してできた！

さんといっしょに学習したらとっても楽しかった‼ ☆

でも楽しかった‼けテぶれシートを書くのが楽しか(った)

分析

－ もう少しだったところ、その理由。

話し合いでもうっと大きな声でよしべきだった。☆

シャトルランで！でも楽しかった ☆ さんが1番だったからくやしい！

→ **得意なことをもっと得意に！／苦手なことを乗りこえられるように！**

れ **練習** 今日もきのうも ＋ はマスいっぱいに書けたから、明日ははみ出すくらい書く。

心マトリクスを使った記述をけテぶれシートに書いている様子です。「あんまり知らない歌だけど歌えた。月の学習の中に太陽の学習をまぜれた」という様子を書いています。これは「自分で考える学習の中に、人のために動く学習ができた」という意味です。

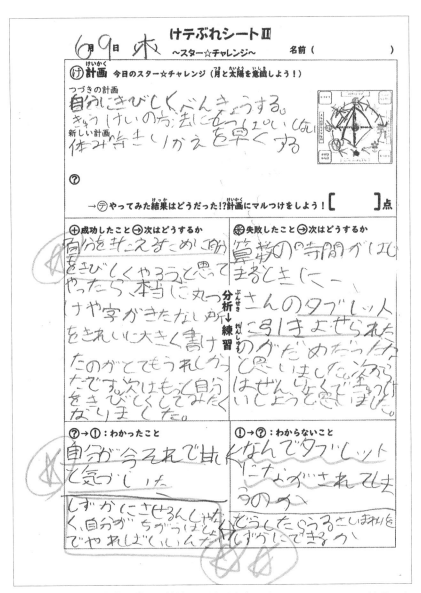

この子はこの日、自分に厳しく勉強する計画を立てました。そして、その結果、丸付けや字が汚いところをきれいに大きく書けたことに喜んでいました。さらに、算数の時間に、自分が友達のタブレットで遊んでしまい、自分が違う場所で勉強すればよいことと気づきを得ています。こういう気づきを、文字にして書くことで、意識化するのが大事です。

第2章　やってみよう！　生活けテぶれ

1日の 生活けテぶれの まわし方まとめ

朝

- 朝の会前に昨日のシート、今日のシート、学級通信を配る
- 教室にシートの束を置いておこう
- 学級通信も朝の会までに配ってしまえば、見る子は見る

朝の会 (5分)
- 最低限のことをさっと終わらせよう

先生からの通信紹介 (5分)

ポイントシートに記入→
今日の計画を書く(書けたら発表) (5〜10分)
- 生活目標などリストにして選べるようにするといいね！
- 授業のことも見通せるといいね！
- 心マトリクスがあると考えやすい！

班交流 (10分 (時間があれば))

日中

分析を書く時間をつくる

- 掃除が終わった後の時間や給食が終わった後の時間など、子どもたちの休み時間を削らない形で、けテぶれシートの分析欄を記入する時間を取ろう
- 授業の振り返りにも染み込ませていけば、分析を書く時間が増える。授業の最後の5分はけテぶれシートを机から出してきて、そこに振り返りを書き溜める時間にしてみよう

帰り

シートへの記入（10分）
帰りの会（5分）

- 各自帰る準備をして、さよなら！

放課後

全シートに☆マークで評価（1〜3つ）

- 心マトリクスを規準にすると評価しやすい！

学級通信の作成、印刷

第2章　やってみよう！　生活けテぶれ

コラム2 理論と実践の架け橋

　本書を読んだ後、学習指導要領の本文や解説を読み返してみてください。過去に目を通したときには、抽象的でいまひとつ理解できなかった箇所も、それを具現化する具体的な実践が頭に入った状態で読むことで、はっきりと理解できるはずです（特に総則や道徳の内容がこの実践に深く関わります）。

　本書はどうしても「やり方」をベースにした内容になっています。目的や目標に対する手段は多様であるべきですが、いつまでも「いろいろあるよね」と言っていては何も前に進まないからです。だから徹底的に具体的で、全国どの学校でも明日から実践できる方法として、生活けテぶれを提案しています。

　手段を柔軟に選択するためには、明確な目的意識が必要です。何のためにその手段を用いるのか。その根拠としてひとまず最適なのが「学習指導要領」でしょう。何のために「生活けテぶれ」を行うのか、何が実現できるとよいのか。そういうことを描く意味でもやはり、本書の「やり方」的な知識は、学習指導要領に描かれた教育の目的に照らして理解されるべきだと思います。

　それより広く視野をとれば、まず「省察的実践」「ALACT モデル（学びを促すリフレクションモデル）」といったキーワードが浮かびます。さらに広く見渡すと、洋の東西を問わず哲学の領域が重要であるということがわかります。本実践が扱う「自己と他者」「言語と思考」「経験」「現象」などの本質的な意味を問い直し、自分の中で構築していくことが大切でしょう。

　なぜこのような領域の知識は「難しい」のか。それはそのような知識につながる"実経験"がないからです。「生活けテぶれ」を実践する中で得られる経験は、確実にこのような領域の知識を受け取る経験となり得ます。ぜひ、生活けテぶれを知り、やってみた後は、このような領域の本を読んでみてください。

　「なぜけテぶれをやるのか」についての答えは深く深く持っておくに越したことはありません。

第 3 章

総合的な学習の時間を活用した自己探究実践

毎日の小さな積み重ねが大きな成長につながる

　第2章で説明してきたのは、生活けテぶれの最小単位である「毎日のサイクル」です。これだけでも生活けテぶれ実践は大変強力に作用しますが、大きなサイクルと組み合わせることで子どもたちはさらに深く自分の主体性を受け取り、乗りこなし、またその中から「自分自身」について深く学んでいくことができるようになります。

生活けテぶれの大サイクル（週サイクル）

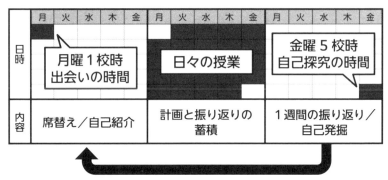

1週間の経験を通じて
新たに発見（変容・成長）した「自分」を紹介する。

　大きなサイクルとは週単位のことで、週末に「振り返りで自己発掘」を行い、週明けに「席替えと自己紹介」を行うという取り組みです。

毎日のけテぶれシート（もしくはノート）を見返すことはその1週間の自分の成長変化を総括するために最適な情報です。かつ、そのように自分の経験を振り返ることで自分の特性や変化、その中でわき上がる自分の気持ちへの洞察を深めることができます。つまり「自分自身」について詳しくなっていくことができるのです。

学校ではさまざまなヒト・モノ・コトに出合います。その出合いとそこで発生する経験にこそ「自分自身」が映るのです。私はよく「学校で学べる最も大切な情報は自分自身についての情報である」と言います。多様なヒト・モノ・コトの中に自分を投げ入れ、自分の内側の反応を確かめる。この経験はワクワクするな、この経験はしんどいな、と。そうやって自分自身の反応を一つずつ確かめ、集めていくことこそ、自分を知るために大切なことではないでしょうか。

「自立」も「自由」もすべて「自分」次第です。自分で自分に詳しくなり、自分をメタ認知して、自分の生活をコントロールしたり、人との関係に折り合いをつけられるようになっていくこと。自分の欠点も含めて等身大の自分を認め、自己否定せずに自分の状態を受け止められること。これは大きな自由を受け取り、深い自信を胸に、自然体で、自立して生きるために必要なことです。

総合的な学習の時間を活用した自己探究

生活けテぶれの週単位の大サイクルを効果的に実施するために、**総合的な学習の時間を「自己探究」の時間と解釈し、活用することをおすすめします。**週の最後、金曜日の5時間目や6時間目に設定された総合的な学習の時間を使って、1週間の学びを総括し、それについて友達と交流したりする時間を取ります。

自分を内側から眺め、そして他者の視点から自分を切り出してもらい、内側からも外側からも「自分」を眺めます。生活けテぶれ実践では、同じ空間に同じメンバーで毎日集まる学校だからこそ深い学びの構造を実現していくことができます。

第3章　総合的な学習の時間を活用した自己探究実践　**69**

外向きの探究から内なる探究へ

　多くの学校現場で「総合的な学習の時間」は地域学習やキャリア教育、国際理解教育など、外向きの探究活動に偏重する傾向がみられます。もちろん、これらの活動にも大きな意義がありますが、同時に見落とされがちなのが「内なる探究」の重要性です。

　自己理解や自己形成、アイデンティティの確立といった内面的な成長は、子どもたちの将来にとって極めて重要です。とくに自分の外側の状況が目まぐるしく変化するいま、自分の外側ばかりでなく、自分の内側を見つめ「自分はこうありたい、こう生きたい」という深い願いを知ろうとすることは、**人生の羅針盤を見失わないためにとても大切**なことであるはずです。

　にもかかわらず、現状の教育カリキュラムの中では、こうした内向きの探究に十分な時間が割かれず、外側にばかり意識が向いているのが現状です（おそらく、キャリアパスポートがこの問題を解決するはずでしたが、多くの自治体でうまく機能していません）。

　では、学校は「内なる探究」に向いていないのでしょうか？　詳しくは69頁で述べていますが、多様な他者に出会い、多様な活動に取り組む学校という場所ほど、内なる探究をするにふさわしい環境はないと考えています。

「総合的な学習の時間」の自由度を活かす

　「総合的な学習の時間」は他の教科に比べて比較的自由度の高い時間です。学習指導要領でも、各学校の創意工夫を活かした教育活動を行うことが求められています。この自由度を活かし、内なる探究の場として「総合的な学習の時間」を再構築することが可能です。

　学年や学校で、地域の特性に合わせた総合的な学習の時間の学習プログラムが代々引き継がれており、その内容を変えるのは難しいと感じられる方も少なくないでしょう。でもその内情をよく見ると、通年毎週2時間を費やして計画的に行われているわけではなく、イベント的にその時期が来たら数時間を使って活動し、日々の総合的な学習の時間はとくにやることがなく授業の遅れを取り戻すなどに使う浮いた時間になっているケースも多いのではないでしょうか。

　つまり、すでにある外向きの探究活動を減らすことなく、その浮いている時間を使って「内向きの探究活動」も同時に走らせることができる可能性が高いということです。

キャリアパスポートがよみがえる

　そしてこの「内向きの探究活動」をけテぶれシートで行っていくことで、いま全国で目の敵にされている「キャリアパスポート」もとても有意義な活動として子どもたちの中に蘇ることになります。

　キャリアパスポートが抱える問題は、年に数回、ただ作業のようにワークシートに文字を埋めるだけの活動になってしまっている点にあると感じています。しかしその無味乾燥な記述も、けテぶれシートによる毎日の計画と自己分析の履歴を踏まえながら書くことで、実経験とその内面でさまざまに揺れ動いていた感情が反映された、とても深みのある記述に変わります。毎日のけテぶれシート実践を総括するとてもいい機会としてキャリアパスポートが機能し始めるのです。

第3章　総合的な学習の時間を活用した自己探究実践　**71**

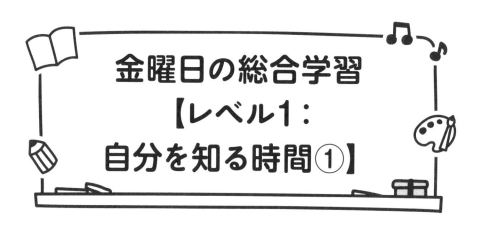

星の数を集計する

　では、具体的に「自己探究」の進め方をみていきましょう。金曜日の5時間目に行う総合的な学習の時間は、子どもたちが1週間の自分を振り返って、自分のことをもっとよく知るための大切な時間です。金曜日の自己探究の活動の始めは、ポイントシート（46〜47頁）を使って、その週に獲得できた星の数を集計するところから始めます。

　この活動で子どもたちは「今週は○個星がもらえた」「先週よりも○個多い！（少ない！）」「自分の最高記録だ！」と、星の獲得数からその週の自分の過ごし方について考え始めることができます。

　テストの点数も数字というとても具体的な指標を得られるからこそ、その数字の裏にある自分の努力と、それがうまくいっていたかどうかの解釈ができるようになりますよね。それと同じように、生活におけるけテぶれでも、数字になるという要素は子どもたちの分析的思考を促進します（これは学習けテぶれの「大テスト」にあたります）。

数値化の落とし穴

　しかし、数値化にはリスクも伴います。わかりやすい可視化は、一歩目には思考のきっかけを生みますが、二歩目には思考の深化を阻害する要因にもなり得ます。テスト結果を受けて、その内容やそこに至

る努力の過程を振り返ることなく、ただ数字だけに一喜一憂する姿に頼りなさが生じるのと同じように、星の数に一喜一憂し、安易に他者と比べ、優越感や劣等感に浸る事態は避けたいところですよね。

　数字の意味と取り扱いについては、クラスでの調節と教師の指導が大切になるところです。**「現在位置をはっきりと認識することが大切であり、そこからの一歩にこそ価値がある」**。そんな思考を促してあげてください。

「感情」に着目して1週間を振り返ろう

　星の集計は5分程度で終わらせ、1週間の自分の成長や変化をまとめる時間に移行します。ここからが本番です。

　まず次のような週の振り返り専用シートを先生が配ります。そして1週間分（1日1枚書いていれば5枚）のけテぶれシートを広げて、全部をざっと見ます。その中から**「とくに感情が大きく動いた出来事」**についての記述を週の振り返り専用のシートの左側に抜き出し、それらを総括してシートの右側に［今週の振り返り］を文章化します。

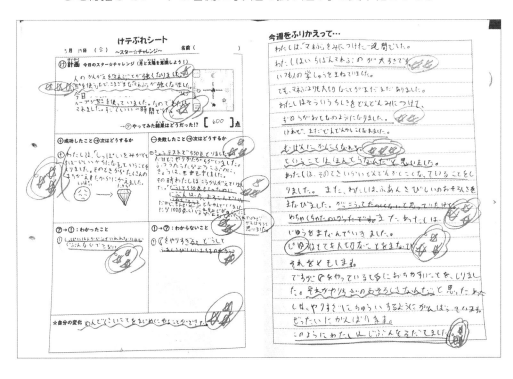

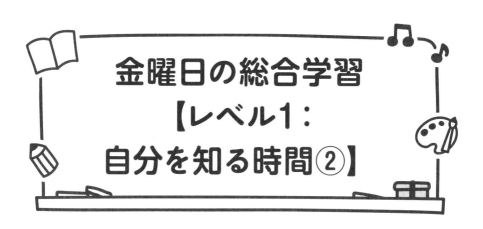

シート右側の作文について

　前頁のシートの右側の「今週をふりかえって」では、左側の記述からさらに大切だと思うことを「今週のベスト3」として三つ選んでそれについて書きます。これは、うまくいったことだけではなく、大きな失敗や自分の変化など下記の三つの視点で書きます。

1.大成功：自分が特に誇りに思えることやできたこと（⊕、!、⊖）
2.大失敗：失敗と、そこから学べたこと（⊖、!、⊖）
3.自分の変化：新しい自分を見つけたり、考え方が変わったりしたとき（☆）

　1週間の中に自分で考えて決定し、自分で実行できる機会が多ければ多いほど、この振り返りの時間が豊かになっていきます。それだけ多くの失敗と成功、それ以前にそれだけ多くの「チャレンジ」が発生するからです。

　そして、振り返りが豊かになればなるほど、来週への意欲もわいていきます。自分から進んで学ぼうとする学級を目指そうとするにあたっても、とても効果的な取り組みだといえるでしょう。

1文字でも書けたら素晴らしい

　しかし、このような「書く」活動は子どもたちにとって非常に負荷

が高く、また、毎週となると、かなり体力が必要です。初めは振り返りシートを完成させるだけで1時間が終わってしまうかもしれません。それでもOKです。

　私は子どもたちに「1文字でも書けたら素晴らしい」と言っていました。なぜなら、このように**1週間の自分を振り返り、そこから自分の成長や変化、自分の特性について考えるという活動そのものにとても意義がある**からです。その思考の結果、1文字でも頭から出してくることができたとすれば、その1文字にはものすごく価値があります。活動の趣旨に照らしてもこの説明は的はずれなものではないはずです。そうやって子どもたちを勇気づけ、たとえ本当に1文字しか書けなくても、「よくがんばったね！　この時間で深く自分について考えられたのなら、文句なしの花丸だよ！」と言ってあげてください。「1文字でも書けたら素晴らしい」がこの実践に大切な「最低限の明示」です。

　さらに「上限の開放」をするといいでしょう。これはまずは文章の量としてどこまでも書いていいとシンプルに言ってあげてください。そしてさらにもう一歩踏み込みます。73頁の写真では、星の数を大量につけています。子どもたちの学びにとってこのシートに対する思考にはものすごく価値があるので、子どもたちの学びの質の評価に活用している星の数も大量に出してください。

　こうした明確な指標の明示と評価の両輪で、この負荷の高い活動を支援してあげてください。

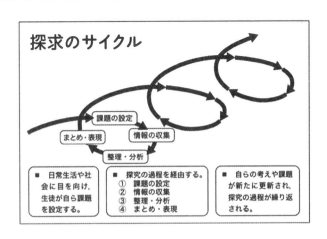

第3章　総合的な学習の時間を活用した自己探究実践　75

週の振り返りシートの例

子どもたちはこれを専用のファイルに保存していきます。すると1週間の振り返りシートのみが蓄積されていくファイルとなり、それを今度は1ヵ月の振り返りや1学期の振り返り、または1年の振り返りを行う際の情報源として活用するのです。

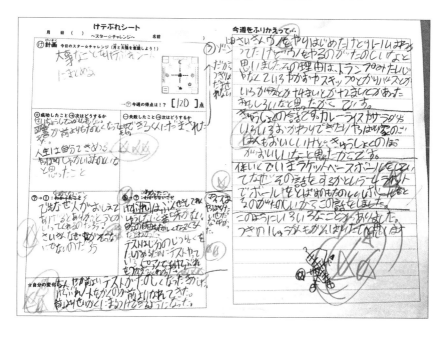

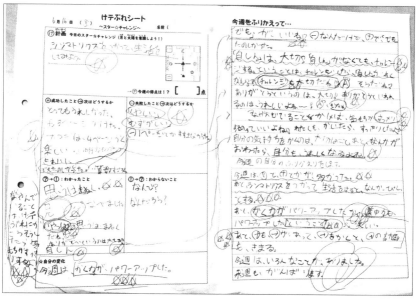

こうして、1日ごとの計画と振り返りという小さいサイクルから始まる「生活けテぶれ」の実践は、1週間サイクル、1ヵ月サイクル、1学期サイクル、1年サイクルとその直径をどこまでも大きくしていくことができます。

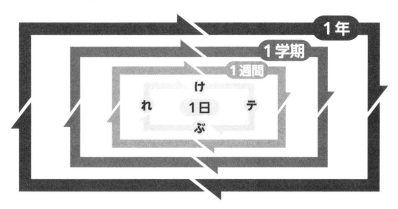

　ある先生は、毎日のけテぶれシートは負荷が高いので、この1週間のまとめシートのみを使って、1週間かけて左側を完成させ、週末に今週の振り返りをするという運用で実践しているとおっしゃっていました。そのような活用もアリです。

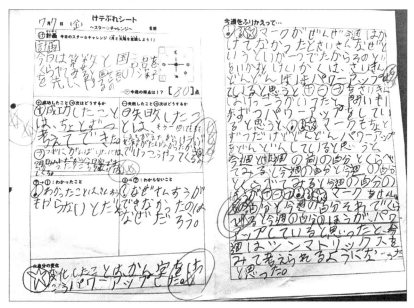

第3章　総合的な学習の時間を活用した自己探究実践　77

金曜日の総合学習
【レベル2：友達との分かち合いと新たな気づき】

友達に発表する

　生活けテぶれに取り組み始めの時期は、1週間のまとめシートを書いてその時間を終えてしまってもいいでしょう。子どもたちがこのシートを書くのに慣れてきて余裕が出てきたら、これから紹介する「対話的な活動」を取り入れていきましょう。

　自分の振り返りを友達と分かち合い、新しい気づきを得る時間をつくります。この活動により、子どもたちは自分では気づかなかった自分のよさを知ることができ、それはさらに深い自己理解につながるでしょう。この活動は次のように進めます。

---

1. 4人のグループを作ります。
2. グループの中で次の役割を決めます：
　●発表する人（1人）●質問する人（1人）●メモを取る人（2人）
3. 発表する人は、自分が選んだ「今週のベスト3」について話します。
4. 質問する人は、発表を聞いて、もっと詳しく知りたいことを聞きます。
　たとえば：
　●「そのとき、どんな気持ちでしたか？」
　●「なぜそれをしようと思ったのですか？」
　●「それによって、自分の中で何が変わりましたか？」

> 5. メモを取る人は、発表を聞いて、その人のよいところや素晴らしいと思っ
>   たことをカードに書き留めます。

友達からの評価をもらう

　友達の発表を聞き、周りの人はよいところや素晴らしいと思ったところをカードに書きます。たとえば、「〇〇さんは△△が素晴らしいと思いました」「□□するところがすごいですね」というようにです。

　発表が終わったら、友達が書いてくれたカードをもらいます。渡す側は一言、コメントを加えながら渡してあげるとよいでしょう。

　高学年になると、「〇〇という成功の裏には△△という前向きな気持ちがあったんじゃないかなと思いました」など、より深く発表者の心情を洞察するような記述を求めるとさらにこの活動が深まります。

　この活動によって、子どもたちは友達からの「他者評価」を得ます。前半、自分の経験を振り返り、今週のベスト3を選んでまとめる活動は「自己評価」でしたよね。他者評価では自分では気づかなかった自分のよさや、他の人から見た自分の姿を知ることができます。これもまた「自分」を見つめる上でとても大切な情報になります。

始めは「型」を示してあげよう

　始めは「対話の型」を示し、その型通りに活動を進行できるようにしてあげましょう。低学年にとっては対話の進行自体が難しいですし、高学年にとってはこういった自己開示的な取り組みに抵抗がある場合もあります。そこで「最低限の明示」がとても大切です。これさえやっていればいい、そういう最低ラインを示してあげてください。そして、その型通りに機械的に進行するようなあり方から認め、徐々に育てていくとよいと思います。

第3章　総合的な学習の時間を活用した自己探究実践　**79**

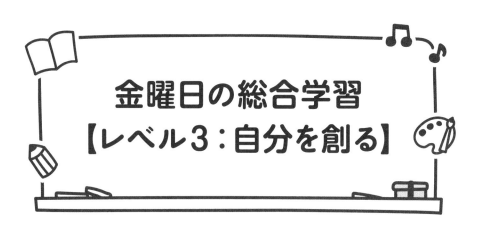

金曜日の総合学習
【レベル3：自分を創る】

自己評価と他者評価を合わせて、「自分」を見つめる

　友達との交流が終わったら、自分の席に戻って、次のような流れでまた個人で思考する時間を取ります。

1. 自分が選んだベスト3（自己評価）と、友達からもらったカード（他者評価）を見比べます。
2. 「好き嫌い、得意・苦手」の視点で、自分について新たに気づいたことや、再確認できたこと、前はこう思っていたけれどもいまはこう思うなどの変化をつかまえます。
3. それを「世界にひとつだけの花」シート（83頁参照）に書き込みます。

　シートを書くのに時間がかかって対話的な活動の時間がなくなることはあっても、最後のこの活動は授業最後の5～10分ほどを使って、ぜひ行わせてあげてほしいところです。自己探究的思考がここに集約されていくからです。

ホンモノの確固たる自分なんていない

　ここでは、自分像というものは自分でつくってよいのだ、という意

識や感覚を子どもたちに持たせてあげてください。「本当の自分」なんてものはどこにもない、といった考えが最近は流行していますね。これは「自分はありすぎるから、どれが本当の自分かなんて言えない」という感じで捉えるといいんじゃないかな、と思っています。

　「人間」と書くように、自分という現象は、人と人の間、ヒト・モノ・コトの間に無限に発生しているものです。Ａさんといるときの自分とＢさんといるときの自分は違いますよね。じゃあどちらが「ホンモノ」か、と問われても、そんなのわからないよ！　となってしまうと思います。「ホンモノの自分」なんて定義しようがないのです。

　だから、**「私は私を、私の好きなように説明してよい」**と子どもに伝えましょう。他者から言われた言葉に過度に引きずられて、「私ってそうなのだ」と押しつぶされる必要なんてどこにもないのです。自分を説明する権利を他者に明け渡してしまわなくていい。**「私は私を、私の好きなように説明してよい」**という感覚は、子どもたち一人ひとりが、学級の中で(そして社会の中で)自分らしく在るためにとても大切な感覚だと思っています。

けテぶれシートに自分の感覚を記録し続ける意味

　しかし、現実とあまりにもかけ離れた自己像を勝手に構築してしまうのもまたその子を苦しめることになりますよね。そこで「けテぶれシート」の意義が見えてきます。

　けテぶれシートへの記入は、ヒト・モノ・コトがいろいろと変化する各教科や毎日の活動の中で発生し続ける自分を見つけ、記録し続ける行為です。この徹底的に地に足のついた記録が、事実とかけ離れた自己像の構築を防ぎます。金曜日の活動は、このような日々の記録を振り返り、１週間という時間軸において、好き嫌い、得意・苦手という視点においても変化し続ける自分を感じようとする行為なのです。

第３章　総合的な学習の時間を活用した自己探究実践　**81**

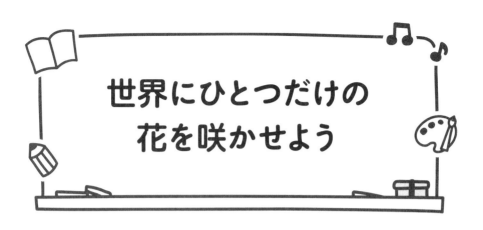

学校で学べるもっとも重要な情報は「自分」についての情報

　右頁に示したシートのように、4つのベン図のようなものを使うと、「得意だけど嫌い」な領域や、「好きだけど苦手」という領域などにも思考が及び、自分を見る目がまた深まることになります。そして真ん中は、こう在りたい、こういう自分でいたい、こういうことがやりたいといった「自分の深い願い」への目線を促す場所とします。

　好き嫌い、得意・苦手が混ざりあった、「自分の深い願い」への洞察。これを月1回ずつでも行っていくとき、**「学校で学べるもっとも大切な情報は自分自身についての情報である」**という言葉の意味が実感できるでしょう。

　私はこれを「世界にひとつだけの花」と呼ぶ実践として、クラスで取り組みました。

　右記のシートにどんどん追記していくという方法を取ることで、自分の変化を感じるようにすることができますし、各エリアの外側にはそれほど重要ではないこと、各エリアの内側の願いに近いところにはより自分にとって重要であることを書いていくとおもしろいです。下の「自分のコトを説明してみて」の枠では好き嫌いの源泉となっている「深い願い」や「原体験」について考えるのもいいでしょう。

← 右頁の「世界にひとつだけの花」のシートのダウンロードはこちらから。

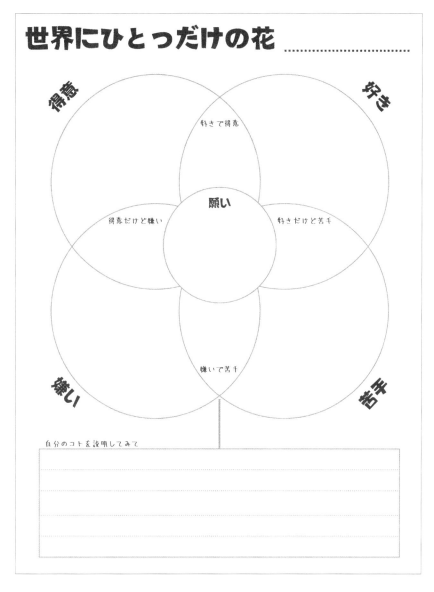

　またデジタルツールを使うと再編集が可能になるので、1年かけて大輪の花を咲かせるという活動にするのもいいでしょう。色合いやデザインなども工夫して、自分だけの花を仕上げていくという活動は子どもたちにとっても楽しめるものとなるはずです。

第3章　総合的な学習の時間を活用した自己探究実践　83

金曜日の総合学習	# 自己探究の時間

金曜日の総合学習では、1週間の自分を振り返り、理解を深める「自己探究」を行います。活動は3つのレベルで段階的に進めていきます。

レベル1 ▶ 自分を知る（個人活動）
まずは1週間の振り返りから始めます。

星の集計（5分）
1週間分の星の数を数える
先週との比較や変化を確認

週の振り返りシートへの記入
1週間分のけテぶれシートを広げて確認

ベスト3の選出→記述
以下の観点から3つ選ぶ：
大成功：とくに誇りに思えること
大失敗：そこから学べたこと
自分の変化：新しい発見や考え方の変化

レベル2 ▶ 分かち合い（グループ活動）
自分の気づきを共有し、新たな視点を得ます。

4人グループでの活動（20分）
話し手（1人）：2分で話す
聞き手（1人）：3分で聞き出す

いいとこ見つけ隊（2人）：
いいところを探してカード（付箋）に書く
もらった付箋は、週の振り返りシートの裏に貼る
順番に役割をまわしていく

レベル3　自分を創る（個人活動）

他者からの視点も含めて、
自分についての理解を深めます。

「世界にひとつだけの花」への記入（残り時間）

好き嫌い、得意・苦手の視点で整理
変化や気づきを記録
次週の自己紹介に使用

授業の最後には、週の振り返りシート、
「世界にひとつだけの花」を先生に提出して終了
先生はそのシートにも☆で評価をして、
月曜の朝に返却

活動を進める上でのポイント

- 初めは「レベル1」だけでもOK
- 全体で時間を区切ってやるよりは、はやい子から、「レベル2」「レベル3」と進められるようにするとよい
- レベル1に45分かかる子はそれでもOK
- 黒板上に子どもたちのレベルの進行状況を可視化できるようネームプレートを使い、終わった子はネームプレートをレベル2に動かす
- 複数人集まればそのメンバーでレベル2スタート
- レベル2をメンバーを変えて複数回やるのもOK
- レベル3に進むのもOK

大切にしたい考え方

- 数値（星の数）は思考のきっかけとして活用
- 失敗も学びの機会として捉える
- 「自分像は自分でつくってよい」という視点
- 変化し続ける自分を受け入れる姿勢
- この活動を通じて、子どもたちは自己理解を深め、他者との関わりの中で新たな気づきを得て、そして自分らしい成長につなげていくことができる

第3章　総合的な学習の時間を活用した自己探究実践　**85**

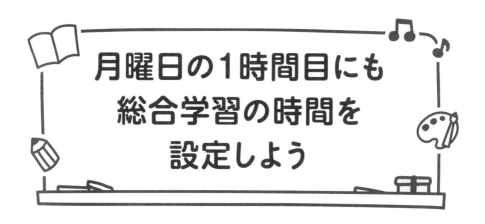

月曜日には席替えと自己紹介を行う

　金曜日の「自己探究」の内容は、月曜日に行う「席替えと自己紹介」の活動に接続されていきます。よって、総合的な学習の時間を月曜日の1時間目（1時間目が難しくとも、月曜日中には）にも設定しましょう。68頁にも示しましたが、全体の構造は次のようになります。

　この構造の中で、子どもたちは毎日、毎時間の自分を見つめ、1週間単位で総括しつつ、生活の主体者としての感覚＝「主体感」を深めていきます。

席替えはランダムで

　席を替えるときは、基本的にくじ引きのようにランダムで行います。

先生の配慮などはできるだけそこには介在させないようにしていました。ネームマグネットを袋に入れて、ランダムに取り出しながら席を決めていきます。どうしても関係性が悪い組み合わせなどは、袋の中に入れる前に少し操作をして同じ班にならないような工夫をすることもありますが、多少折り合いの悪い相手でも1週間でまた席が替わるのでその1週間を耐えるだけでいいわけです。もしその関係性に前向きな変化を起こしたいとなれば、チャレンジもできます。1週間で替わりますので、失敗してもリセットされます。また次に同じ班になったときには再チャレンジも可能です。

先生が「やってあげる」範囲を少なくしていく

　席替えをランダムにする（ランダムであることを重視する）ことの意図は、**「先生にコントロールしてもらう、コントロールされている」という意識を限りなく小さくしたいからです。**

　「生活の主体者」として、誰と同じ班になろうとも、その班で楽しく過ごすことができるかどうかは、自分次第。先生に楽しく過ごしやすい班をつくってもらうのではなく、どんなメンバーでも自分たちで、楽しく過ごしやすい関係性や環境をつくろうとする。そんなチャレンジができる場であると捉えてほしいからです。

　だからこそ、この取り組みを始めるタイミングは重要です。まずは先生と子どもたち一人ひとりとの安心できる関係性、いわゆる「経糸」がしっかりと構築できてからというのが大前提です。なおかつ、子どもたちがゆるくつながり始め、ある程度どの組み合わせでもうまくやれそうな雰囲気をつくってから始めるといいと思います。それに、初めから完全にランダムでやらなければならないわけでもありません。ある程度の子たち（全体の7、8割）が週1回の席替えを前向きに捉えられそうなタイミングで始めるように調整してあげてください。

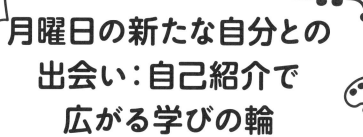

月曜日の新たな自分との出会い：自己紹介で広がる学びの輪

自己紹介は何度やってもいい

　前述した通り、「自分」とは他者との間に発生し続けるものです。週に一度席を替えることで、子どもたちはいろいろな友達と関わることを求められ、その中でまた新たな自分、変化する自分を感じることができます。

　またこのとき、最大で30、40人程度の集団でこれを行うことのよさも感じられるはずです。毎回完全に知らない人ではなく、人によっては何度も同じ班になったこともある、という状況が適度な安心感と共に自分や他者の微細な変化にも気づきやすくなります。

　毎週、「自己紹介」を行うことに違和感を覚えるかも知れません。しかし、実際に取り組んでみるとこの実践がどんなに子どもの自己認識を豊かなものにするかに驚くはずです。取り組み始めは、形式的に自己紹介をしあって終わり、という味気ないものになるかもしれませんが、ぜひそこで見限らずに継続してみてください。

　毎週、自分の好き嫌い、得意・苦手についての自己開示を行うこの取り組みの価値は回を重ねるごとに実感できるはずです（単純接触効果により、子どもたち同士が仲良くなっていくというシンプルで強力な効果もまた、回を重ねるごとに表われてきます）。

柔らかい雰囲気の中で雑談をする子どもたち

　活動の初期はある程度のフォーマットを示しながら、全員の自己紹介を聞きあうことができるように指導することが大切ですが、活動に慣れてくるにつれて、どんどん「雑談」的な活動へと導いてあげてください。

　自己開示はよりリラックスした雰囲気の中でこそ行えます。みんなでリラックスして雑談している。そしてそれは確実に班のメンバーの誰かについての話で、順番に班全員が話題に上がる、というような。

　このように毎週、**クラスメイトが自分のことについて話題にしてくれる時間**を全員が経験する、というのは教室を安心できる空間、自分らしくいられる空間にしていくにあたってものすごく大切な時間だな、ということがわかるはずです。

「私は私を、私の好きなように説明する」実践

　ここで活躍するのが、前の週の金曜日に作った「振り返りシート」や「世界にひとつだけの花」シートです。子どもたちは、この1週間で見つけた新しい自分の一面や、あらためて確認できた自分の特徴をクラスの友達に紹介します。この取り組みにより子どもたちは**「私は私を、私の好きなように説明する」**という"実体験"を何度もすることになります（もちろん、毎週同じ自己紹介をし続けるのもアリです）。

　活動が深まり子どもたちの関係性も温かくなってきたら今度は「自分の嫌いなことや苦手なこと」を自己紹介してみて、と投げかけます。そして聞き手には、それについてぜひ共感したり、笑って受け止めたりしてあげて、と伝えます。

　すると班の中では「僕は忘れ物が得意です！」などという自己紹介に笑い合う雰囲気が生まれてきます。自分の嫌いなことや苦手なことも、クラスメイトに温かく受け入れられる経験は子どもたちにとってとても大切だと思うのです。

第3章　総合的な学習の時間を活用した自己探究実践　　**89**

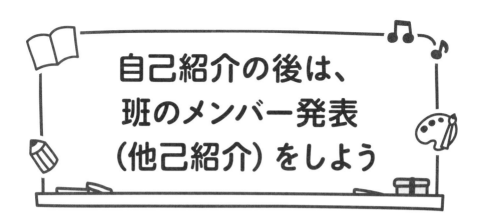

自己紹介の後は、班のメンバー発表（他己紹介）をしよう

温かい雰囲気が出る他己紹介

　月曜日の1時間目の流れは、席替えに10分、自己紹介で20分くらいはかかるでしょう。班で自己紹介が終わったら、その内容をノートやホワイトボードにまとめて、クラスのみんなに発表する時間を取ります。その日の自己紹介で出た内容を発表していくのですが、それを本人が言うのではなく、班の他のメンバーが「他己紹介」的に紹介していきます。

　ここがまた、とても温かい雰囲気になります。「私たちの班のメンバーは、Aさん、Bさん、Cさん、Dさんです」「Aさんの好きなことは〇〇だそうです！　理由は…」「Bさんは先週こんな発見があり、こんな自分を見つけたそうです！」など、自分のことを誰かが紹介してくれて、それをクラスのメンバーが温かく聞いてくれる。この経験を毎週積み上げていくことは、学級経営上とてもいい効果を発揮していきます。

　同じ自己紹介をし続ける子は、クラスのみんなもわかっていますので、「だよねー！」「やっぱりー！」などお決まりのセリフのように楽しむこともできます。

　最後の10分を発表タイムとし、みんなで他己紹介をし合う時間を取りましょう。

グループワークの基礎練習にもなる

　この活動は毎週、少人数のグループで情報を出し合い、それらを組み立てて、クラスに発表するという流れになります。

　グループでの話し合いの技能や、対話的に積み上げた情報を整理分析して、表現する技能などは、子どもたちの関係性を豊かにするだけでなく、学習分野にも直結する実質的なスキルの向上にもつながります（これは"QNKS図考法"という私が考案した実践により、より効果的にトレーニングしていくことができます。詳しくは右下のQRコードから）。

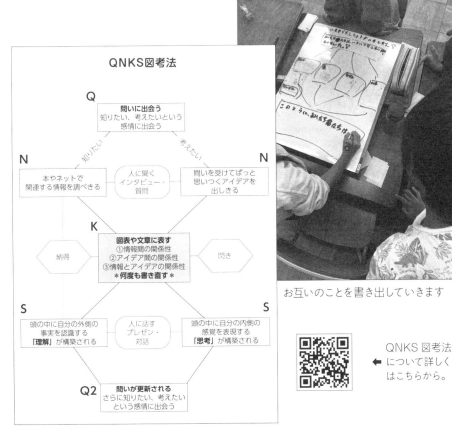

お互いのことを書き出していきます

QNKS図考法について詳しくはこちらから。

考え行動する主体の枠を広げていく

「班」という主体の単位

　他己紹介が深まっていったら、班のメンバーの特色や状況に合わせた行動目標を立てられるように促すとよいでしょう。たとえば、「今週は班全員が宿題を忘れずにやろう」「休み時間に一緒に外で遊ぼう」といった具合です。

　この班での目標設定は、先生とのつながりよりも友達とのつながりを重視し始める高学年になるほど効果を発揮します。男女の仲が悪い、陰口が横行しているなど、高学年になると人間関係の問題が起こりやすくなります。その問題を解決するためには「一人ひとりの行動」と「クラス全体として解決していこうとする風土」が重要になると考えられます。しかし、前者の「一人ひとりの行動」は結局、意識的に動ける子だけが動き続けるだけで、全体の風土につながっていきにくいですし、後者の「全体への働きかけ」も結局は反応できる個人だけが動くという結果にしかつながらないというケースが多いと思います。クラスで起こる問題解決において、「一人」は考え行動する単位として小さすぎ、「クラス全体」は逆に大きすぎるのです。

　そこで「班」です。**構成人数が少ない分、個の取り組みが他者に与える影響が大きく、誰かのがんばりが、他の誰かに影響していきやすいのが、「班」という単位です。**

誰かの悩みをみんなで解決しようとする

この「班」という単位の中で「自己紹介」として、全員が自己開示をしていきます。「悩み」や「うまくいかないこと」などの話題が共有されたら、その週、そのメンバーで悩みを解決できる作戦を立案・実行することも、子どもたちはやり始めます。

たとえば、外で遊ぶのが苦手という女の子に対して、「じゃあ今週の水曜日、班のみんなで鬼ごっこをしてみない？」とか、片付けが苦手だという男の子に対して、「今日の昼休みみんなで一度ロッカーと引き出しを徹底的に整理整頓しよう！」などといったことをやり始めます。

これは活動の単位が「班」であるからこその身軽さが生む、軽やかなチャレンジです。もちろんそこに参加したくない子をどう尊重するかといった課題にも直面します。この段階に来たら、金曜日には班の目標に対する結果の考察を行う時間も取ります。そして、思考と試行を繰り返すことになります。

一度の成功が次につながる週1回の席替え

もちろんこのような素晴らしい動きを、クラスの中のどの班もいきなりやり始めるということにはならないでしょうし、必ずこのようなことに取り組まなければならないわけでもありません。しかし、教師としては取り上げざるを得ないほどの素晴らしい姿ですし、その価値を語り、やり方を示し、促したいところですよね。

ここで、「週1回の席替え」という要素が効いてきます。たとえばある班が、このような協働的な取り組みに成功したとしましょう。その班のメンバーは次週には解散し、新たな班をつくります。すると、「成功の実感」を持っている子が含まれるグループが複数できることになります。この子たちが今度は新たな班で、このような取り組みを促す主体として動き出すのです。

第3章　総合的な学習の時間を活用した自己探究実践　**93**

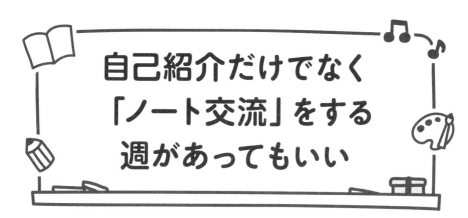

自己紹介だけでなく「ノート交流」をする週があってもいい

自分なりの学び方の紹介をしてみよう

　もし学級で「けテぶれ学習」にも取り組んでいるとしたら、この時間は自己紹介だけでなく、それぞれのけテぶれノート交流の時間としても活用することができます。

　「けテぶれ学習」もまた、「自分にとってよりよい学び方とは」という問いに対する仮説と検証を"実際の学習経験"を通じて行う、立派な探究活動なので、総合的な学習の時間での取り組みとしても最適です。

　自己紹介ではなく「自分の学習法の紹介」として時間を設定し、ノートにコメントを出し合ったり、真似してみたいステキな取り組みに出合ったりする時間とします。

　右の写真は私のコメントではなく、クラスの子が友達のノートにコメントしたものです。詳しくは『けテぶれ宿題革命』※をお読みください。

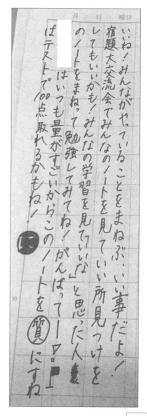

※『けテぶれ宿題改革！　子どもが自立した学習者に変わる！』
（2020年、学陽書房）

ある子が学習交流会についてまとめてくれたものを紹介します。

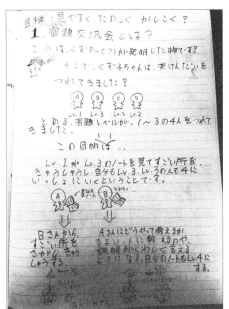
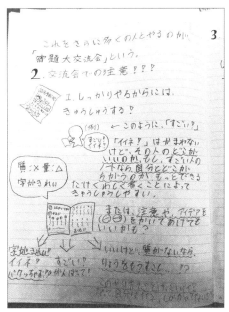
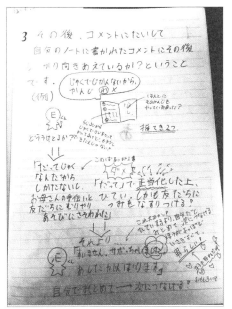
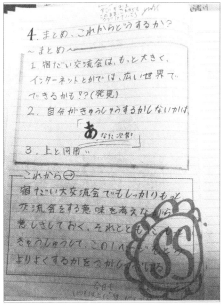

この子はとても丁寧に学習交流会（このときは宿題交流会）のことを説明してくれています。どうやるのかの全体の流れや、注意ポイントやまとめなどまでしっかり書いていて、ほかの子どもたちに伝えたい気持ちがあふれています。

新しい出会いの時間

月曜日の総合学習

1週間のサイクルをつくる上で、金曜日の振り返りと月曜日の新しい出会いは重要な要素となります。以下に月曜日の活動の流れをまとめます。

1 席替え（10分）

基本的にランダム方式
ネームマグネットを袋から引く
教師の介入は最小限に
1週間限定の組み合わせ

ポイント

- 短期間での変更により挑戦しやすい環境
- 自分たちで関係性をつくる経験
- 教師の過度な配慮を減らす

2 班での自己紹介タイム（20分）

金曜日の振り返りを活用
週の振り返りシートや「世界にひとつだけの花」を参考に新しく発見した自分の一面を共有
好きなこと、得意なことから始める

活動の発展

- 慣れてきたら苦手なことも共有
- リラックスした雑談の中で深める
- 毎週同じ内容でもOK

❸ 他己紹介の発表（10分）

班のメンバー紹介
班で聞いた内容を全体に共有
本人ではなく他のメンバーが紹介
温かい雰囲気での共有
発展的な活動
班での目標設定
メンバーの課題解決への協力
成功体験の他班への波及

活動のポイント

1. 段階的な導入
頻繁な席替えは、教師と児童の信頼関係構築が前提
席替えのやり方もクラスの雰囲気を見ながら調整

2. 柔軟な運用
必要に応じてけテぶれノート交流も実施
学習面での気づきも共有
班ごとの目標設定や課題解決も可能

3. 育まれる力
・自己開示・自己表現力
・他者理解・共感力
・集団での問題解決力

この活動を通じて、児童たちは毎週新しい出会いと関係性の中で、自分自身への理解を深め、他者との協働の仕方を学んでいきます

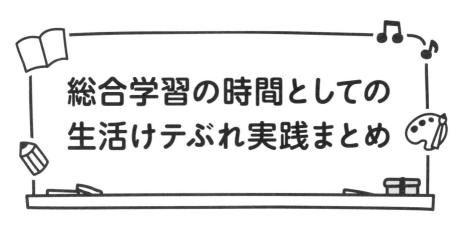

生活けテぶれの大サイクル（週サイクル）

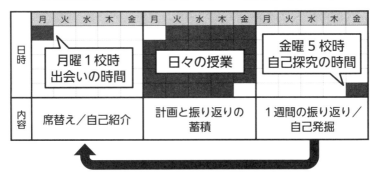

1週間の経験を通じて
新たに発見（変容・成長）した「自分」を紹介する。

月曜日の取り組み

　月曜日の1時間目は、席替えを行います（ランダム性や頻度については学級に応じて調節してください）。4人グループの班編成とし、10分程度で完了させます。席が決まったら、前週の金曜日の「世界にひとつだけの花」シートを用いながら、班の中で自己紹介を行います。班のメンバーは質問やコメントで対話を広げていきます。1人5分、全体で20分を使います。残りの10分で、班のメンバーについて印象に残った自己紹介の内容をまとめ、全体に向けて発表します（他己紹介）。

毎日の取り組み

　毎日１枚のけテぶれシートを用い、けテぶれのサイクルをまわしていきます。教師は子どもたちのシートを回収し、フィードバックを星の数で記入し、翌朝に返します。とくによい記述を学級通信で紹介するといいでしょう。これらのシートは、金曜日の振り返りの際に使用します。１日１枚のシート活用だと、週末には５枚のシートがたまっていることになります（１授業の目標と振り返りなどにも活用すると、それ以上のシートが１週間でたまることになります）。

金曜日の取り組み

　金曜日は三つの段階で活動を進めます。最初は**個人での振り返り**です。１週間の星の数を集計し、週の振り返りシートに印象に深く残った出来事や記述を抜き出していき、組み立て、文章にします（取り組み始めはこれに時間がかかるので、これを書いてから、「世界にひとつだけの花」シートを書いて終わり、という流れでも OK です）。

　次は、**グループでの共有**の時間です。話し手、聞き手、“いいとこ見つけ隊”と役割分担をし、１人５分程度で、話し手と聞き手のやり取りを行います。いいとこ見つけ隊は、やり取りを聞きながら話し手のいいところを見つけ、カード（付箋）に書いていきます。やり取りが終わったら、なぜそのカードを書いたのかの説明を一言加えながら、話し手にカードを渡します。

　最後の 10 分は、自己評価（週の振り返りシート）と他者評価（いいとこ見つけ隊からもらったカード）を照らし合わせ、「世界にひとつだけの花」シートで自分について振り返り、記入していきます。この「世界にひとつだけの花」シートは、翌週月曜日の自己紹介で使用します。

　「班」単位の動きが出てくる時期になったら、「班」の目標を振り返る時間も取るようにしていきましょう。

第3章　総合的な学習の時間を活用した自己探究実践　**99**

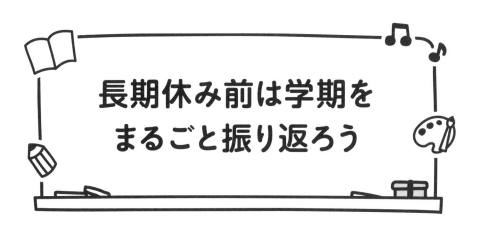

長期休み前は学期を まるごと振り返ろう

学期の振り返りには週の振り返りシートを見る

　学期末には学期全体を振り返り、ノートにまとめる時間を設けましょう。毎日のけテぶれシートを見返すのもいいですが、週のまとめを行っているのなら、そのシートを見返しましょう。「毎日のけテぶれシート」をまとめる「週の振り返りシート」、「週の振り返りシート」をまとめる「学期の振り返り」という関係性です。学期末には「○学期を振り返ろう」といったワークシートに取り組む学級も多いと思います。その活動を本質的なものにするために、週の振り返りシートが活躍します。

家でもけテぶれ

　学期の振り返りができたら、長期休みの見通しも立てられます。学校でやっていたことが、家でもできるかな？　と子どもたちには投げかけます。教室でやっていることはどこまでいっても、練習。本番はこの教

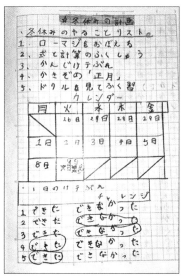

冬休みの計画 (ToDo リストとカレンダー)

室を出たときです。**生活の主体者として考え行動する練習をしてきた成果は、家での過ごし方に表われます。**

そういう「意識的な過ごし方をする日を何日かつくってみよう」ということで、けテぶれシートを数枚、宿題として持ち帰らせます。もちろんたくさん書きたい子はコピーしてもOKですし、みんなに配った枚数よりもたくさん持って帰ってもOKで

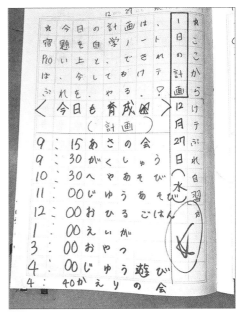

長期休み中のけテぶれ

す。ただ問題をたくさん解くだけの宿題プリントを持ち帰らせるのとは一味違った、長期休みの特性を活かした宿題の出し方になるのではないでしょうか。

毎日の計画と振り返りを習慣化することで、休み明けの学校生活もスムーズに戻れるでしょう。

1年の振り返りも当然けテぶれシートで

さらに、学年の最後には1年分のシートやノート（日サイクル、週サイクル、学期サイクル）を見返すことで、自分の成長の軌跡が鮮明に浮かび上がってきます。「あのときはこう考えていたけど、いまは違う」「いまも昔もこの信念は変わらない」「新たにこんなことに気づいた」など自分の内側で変化する思考や感覚についての気づきは、自己理解を深める貴重な経験となるでしょう。

1年の成長を総括する活動は、クラス全体でも行えます。この年は、最後の参観日に保護者の皆さんに向けて発表しました。

子どもたちがしっかり自分たちの成長を語っていました

これは5年生⇒6年生と持ち上がった子の、6年生の4月13日のノートです。

5年生の1年間、生活ノートぶれを通して、自分とクラスを見つめ続けてきたことで、新しいクラスの雰囲気を冷静に分析し、対処方法を考え、最後には1年のクラスのバイオリズムまで見通すことができています。

まるでベテランの担任の先生のような目線ですよね。

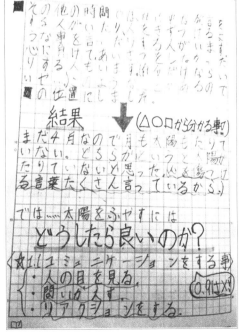

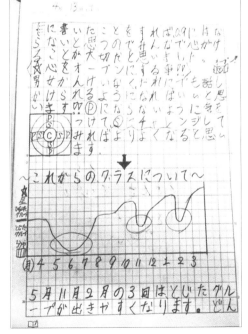

コラム3 「AIに負けるな！」なんて言葉に負けるな。自分を生きよう

AIが発展し、「学ぼうと思えばいくらでも学べる世界」になったいまだからこそ、自分自身を深く理解し、自分の人生を自分でデザインして進めていくようなマインドがとても大切になってくるはずです。

そしてそういう練習をする場所として、学校は最適であるはずなのです。学校は何のためにあるのか、教師の仕事とは何か。このような教育の根本的な問いに対する答えの更新が求められているいま、本書で提案するような生活けテぶれが生む学びは、その一つの答えになりうるのではないかと考えます。

毎日のサイクルでは「自分で決めたことを自分で実行する」ことの難しさやそれに成功したときの充実感を学び、人生の主体者としての自分を再起動させていきます（第2章参照）。

金曜日に行う振り返りでは、1週間の経験の中で感じたさまざまな感情を総括し、自分の中に眠る深い願いを洞察する時間をとり（72〜85頁）、翌月曜日にはその中で見えてきた新たな自分、もしくはずっと大切にしていきたい自分を「自己紹介」という形で他者に共有します（86〜93頁）。その活動の中で、自己と他者について理解を深め、徐々に協力・協働的な活動へと発展させ、「自分が自分らしく生きること」と「社会の中で他者と協調しながら生きること」を実践的に学ぶ。そんな場所に学校を変えていくことができるのです。

AIがいくら発展しようとも、自分が自分として生きるという事実、他者と温かくつながることの価値は変わらないはずですよね。子どもたち一人ひとりが、このように人生の主体者として頼もしく自立していく時、AIはもはや、自分の人生を脅かす存在ではなく、自分の人生を力強くサポートしてくれる強力なパートナーとなるはずです。

今後の学校は、子どもたちが人生の主体者として自立することを支える場所としての役割をより強く求められていくのではないでしょうか。

生活けテぶれの範囲を
どんどん広げよう

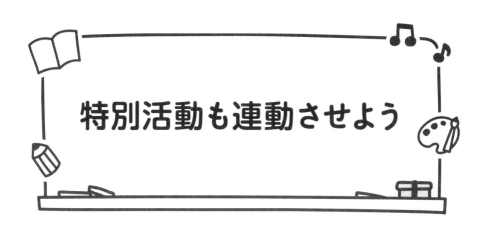

生活けテぶれ×特別活動

　ここまでは「総合的な学習の時間」における生活けテぶれ実践の紹介でしたが、生活けテぶれの適用範囲はこれだけにとどまりません。その性質上「特別活動」の目標に対しても大変効果的な取り組みになります。

　学習指導要領の特別活動の目標は次の3点で、これを読んだだけでもう、生活けテぶれとの親和性の高さを感じられると思います。

(1) 多様な他者と協働する様々な集団活動の意義や活動を行う上で必要となることについて理解し、行動の仕方を身に付けるようにする。
(2) 集団や自己の生活、人間関係の課題を見いだし、解決するために話し合い、合意形成を図ったり、意思決定したりすることができるようにする。
(3) 自主的、実践的な集団活動を通して身に付けたことを生かして、集団や社会における生活及び人間関係をよりよく形成するとともに、自己の生き方についての考えを深め、自己実現を図ろうとする態度を養う。

　本章では特別活動の中でもとくに「学級活動」についての取り組みを紹介します。

学級活動の目標と内容

　学習指導要領では学級活動の目標を「学級や学校での生活をよりよくするための課題を見いだし、解決するために話し合い、合意形成し、役割を分担して協力して実践したり、学級での話合いを生かして自己の課題の解決及び将来の生き方を描くために意思決定して実践したりすることに、自主的、実践的に取り組むことを通して、第1の目標に掲げる資質・能力を育成することを目指す」とし、「(1) 学級や学校における生活づくりへの参画、(2) 日常の生活や学習への適応と自己の成長及び健康安全、(3) 一人一人のキャリア形成と自己実現」を扱うとしています。このような内容を扱おうとするとき、これらを単体で見てしまうと、教科の学習もあるのにそんなところまで手が回らない！となってしまいますよね。しかし、**大切なのは「連動」です。授業も毎日の生活も、学級活動もすべてが連動する形で動かし、すべての範囲にこのような内容が含まれるような構造をつくればいいのです。**それを実現するのが「生活けテぶれ」なのです。

活動の主体を個人から班、学級へ

　生活けテぶれ実践ではまず、学級における個人の主体感を育み、自律する個人が班単位で対話的に、目標設定や振り返りを行うことでその活動の主体を個人から班へと拡大させていくようなアプローチをします。活動の主体を班から学級、学級から学年、学年から学校へと広げていくことで特別活動の狙いに確実に迫っていく構造を取ることができます。

　学級活動では「班→学級」が主な活動の主体となりますが、その際に「係活動」「掃除活動」（もしくは会社活動）など、生活班とは異なるメンバーで構成されたグループによる協働的な活動を配置していくことで、より地に足のついた関係性の広がりや居場所感の高まりを引き起こしていくことが可能です。

第4章　生活けテぶれの範囲をどんどん広げよう　**107**

さまざまな活動にけテぶれを!

　クラスにおける少人数のグループは班だけではなく、係活動や会社活動のグループも存在します。班単位で目標設定と振り返りのサイクルをまわしながら、小グループを単位とした主体的な活動の感覚がつかめてくると、係活動や会社活動などもどんどん頼もしくなっていきます。**個人や班単位でのけテぶれシートの活用に慣れている子どもたちであれば、このシートを係活動や会社活動に活かすことも容易にできます**（この延長に委員会活動も想定できます。けテぶれ≒PDCAですので、委員会活動との相性のよさは言わずもがなです）。

　私は週1回の学活の時間を係活動の計画と分析の時間としてあてていました。活動主体が多くなりすぎると、意識が散漫になってしまうので、私のクラスでは掃除のチームと係活動のチームのメンバーを共通とし、「係の仕事と、掃除場所」を共有したグループとして活動することにしていました。

　専用のシート、ファイルやノートを作ったりするシステムは私自身もとてもフレキシブルに調整していましたが、このような仕組みを受け取れるだけの「主体感」を、個人、そして小グループに持たせていく、という意識とそこに向けた指導は毎年同じです。

自律と協働を連続的に捉えよう

　主体の単位を広げていくにあたっては、「個の自律」と「他者との協働」の関係性や連続性についての指導を行うことが必要不可欠です。本書でこれまで述べてきたことを踏まえて下の図を見ていただけると、よく理解できると思います。

　係活動、会社活動などでは役割分担を伴う協働が求められますが、その前には「個々の自律と自立」の段階があります。ここを個人でまわす生活けテぶれ実践で支えるのです。そして、他者と深く関わり合う協働は自分の考えや行動状況を理解する「自覚」へつながります。

　係活動の文脈でいうと、「自分がプロになれる領域を探す」と表現していました。たとえばある子は「カギ電気係」としての仕事に対する自分の適性を自覚し、それ以降、進級するまでずっと「カギ電気係」を希望し、クラスでは「カギのプロ」として認識されていました。こういう領域を自分で開拓していくことを、協働と自覚の連動として価値づけするような指導ができると、「なぜ係活動に取り組むのか」の意義に深みが出ますね。高学年から始まる委員会活動も、このような指導の延長に位置づけたいものです。

個の自覚から自律、そして協働までの道筋

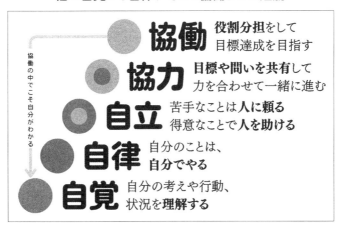

第4章　生活けテぶれの範囲をどんどん広げよう　109

給食係として、活動を計画し、振り返ります。

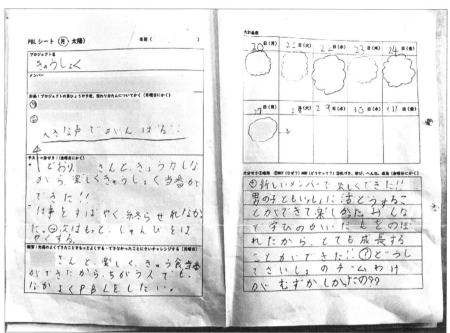

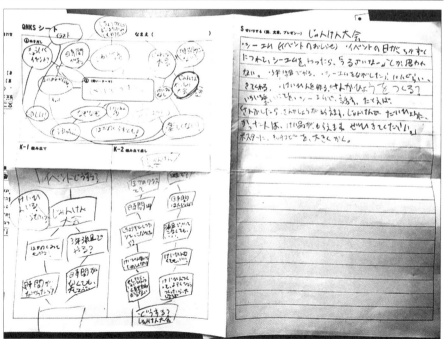

イベントを自主的に企画し、アイデアを出し合いながら実現に向けて活動します。

掃除ロッカーを整理整頓する会社を立ち上げ、毎日仕事をやったかどうかのチェック欄をつくり、会社のメンバーで協働します。

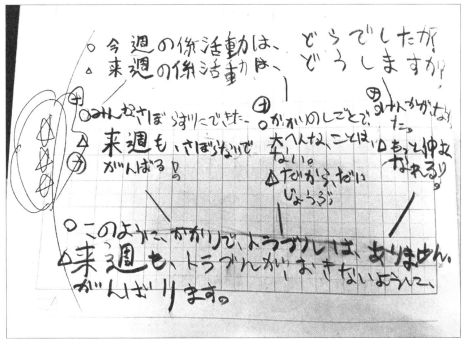

学活の時間には自分たちの活動を振り返り、活動報告をします。高学年では活動報告と共に来月のクラスの生活を各チームでどうやって運営するかという「クラス全体」を主題とした話し合いにも発展できます。

第4章 生活けテぶれの範囲をどんどん広げよう 111

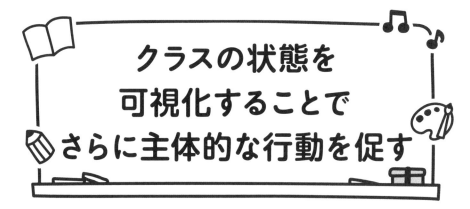

1ヵ月のスケジュール

ここまでの取り組みをまとめると、ひと月の流れは大体次のようになります（学活が水曜日にあると仮定）。

月	火	水	木	金
席替え／ 自己紹介		係チームぎめ・ 役割分担		振り返り
席替え／ 自己紹介		分析と次週への計画 チーム単位		振り返り
席替え／ 自己紹介		分析と次週への計画 クラス単位		振り返り クラスアンケート
席替え／ 自己紹介 アンケート結果発表		活動の振り返りと 報告 投票？		1ヵ月総括 世界にひとつだけの 花仕上げ

「分析と次週への計画」の週の学活の時間は、基本的にはチームやクラス単位での話し合いと、翌週のチームやクラスの活動方針の発表です。月曜日の自己紹介と話題が変わっただけで流れはまったく同じです。チーム単位の話し合いでも全員に共通の課題が出たときは、適宜クラス全体での話活動に変更します。

けテぶれサイクルの鍵は「見える化」

班単位での主体的な動きが活発になってきたら、その主体の単位を

「クラス」にまで広げることも視野に入ってきます。その際、大切なのが「見える化」です。意識的な改善サイクルはまず「現状把握」から始まります。本書の前半で、個人でまわす生活けテぶれ実践においては、☆の数による毎日のフィードバックと、その蓄積によって現状を見える化するシステムを紹介しました（46頁参照）。

　活動の主体を個人から、班、クラスへと拡大していくとき、集団としての「現状を見える化」する仕組みが必要です。「いま、クラスがどんな状態か」ということを子どもたちが正確に把握するのは難しいですよね。

　そこで「クラスアンケート」を活用します。心マトリクスを導入しているのなら、それを規準に太陽質問（人に優しく）と月質問（一生懸命）各10問、計20問のアンケートを作成し、月1回実施します。

　たとえば、「丁寧な言葉づかいができていますか？」「時間を守って行動できていますか？」といった具体的な項目について、自分の行動を振り返り、5段階で点数をつけるのです。

　教師はこの結果を集計し、クラス全体の「太陽パワー」と「月パワー」をグラフ化します。これにより、クラスの状態が視覚的に把握できるようになります。たとえば、太陽パワーは低いが月パワーが高い場合、クラスは規律正しく行動できているものの、人間関係の面では課題があると推測できます。逆に、月パワーが低く太陽パワーが高い場合は、クラスの雰囲気は良好だが、規律の面で課題があると考えられます。

　このグラフを教室に掲示することで、子どもたちも自分たちのクラスの現状を客観的に理解できるようになります。「先月より太陽パワーが上がったね」「でも月パワーが少し下がっているから、もっとがんばろう」といった具合に、子どもたち自身がクラスの状態を分析し、改善策を考える機会が生まれるのです。

第4章　生活けテぶれの範囲をどんどん広げよう　113

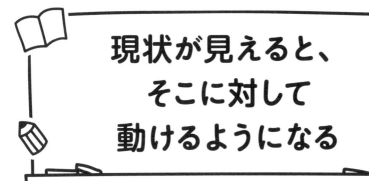

子ども主体の学級改善を促進する心マトリクス

　クラスアンケートの結果は、個人、班、係、会社活動など、さまざまなサイズの主体の行動の目標設定の根拠になります。

　たとえば、「整理整頓」の項目が低ければ、係活動の一環としてその項目を改善できる活動を考えて実行したり、「あいさつ」の項目が低ければ、班の取り組みとしてあいさつにフォーカスした目標を立て、小グループで実施していったりする動きを促すことができるのです。

　そしてその取り組みの結果は翌月のアンケート結果で可視化されますので、それを分析し、再チャレンジするというサイクルをまわすことができます。

　会社活動的にやりたければ、月末の活動報告の際に、アンケート結果を根拠に自分たちの活動を報告し合い、内容に応じて投票をする、といった仕組みを取り入れると、「得票数」という数字が各会社に返ることになりますし、投票用紙に一言コメントを書くと質的にも高い現状把握を可能にします。

クラスの「現状」をみんなでみつめる

　このような「可視化」の取り組みは、この情報をどうやって解釈するか、という指導とセットで行うことが鉄則です。これは 72 頁で述

べた「星ポイントの蓄積」もそうですし、学習におけるけテぶれの「テストの点」もそうです。「現状の可視化」のために具体的な数値化は非常に有効ですが、その解釈や取り扱いを間違ってしまうと、自己否定、他者否定の道具に簡単に変わってしまいます。

　常に**「現在位置からの一歩」が大切である**、と子どもたちには何度で

クラス診断シート

太陽質問→幸せ度		9月	10月	11月	12月	変化
1	相手のことを「信じて」「思いやって」生活できてますか？	76.7点	89.3点	91.3点	85.7点	−5.6
2	だれに対しても、ウソをつかず、素直（すなお）で正直（しょうじき）に関われますか？	69.8点	76.8点	80.8点	75.9点	−4.9
3	じゅぎょうの始めと終わりのあいさつや、返事は大きく元気にできていますか？	75.0点	78.6点	89.4点	76.8点	−12.6
4	必要なときに「ありがとう」や「ごめんね」は言えますか？	84.5点	85.2点	95.2点	83.0点	−12.2
5	困っている人がいたら、どうしたのと声をかけたり、助けてあげたりしてますか？	77.6点	79.5点	84.6点	81.3点	−3.4
6	気持ちはちゃんと言葉にして伝えられていますか？（ため込んでませんか？）	72.4点	78.6点	84.6点	83.0点	−1.6
7	たくさんの人（2人以上）で、だれかを責めたり攻撃したりしてませんか？（いじめです。）	85.5点	87.5点	94.2点	89.3点	−4.9
8	人の話は、目を見て考えながら聴（き）き、プラスリアクションを返してますか？	66.4点	74.1点	82.7点	78.6点	−4.1
9	ていねいな言葉（ことば）、温かい言葉ことば）を使（つか）えていますか？	75.0点	80.4点	85.6点	83.0点	−2.5
10	友だちのがんばっていることを見つけ、応援してあげられていますか？	78.4点	78.6点	92.3点	86.6点	−5.7
		76.2点	80.8点	88.1点	82.3点	−5.8

月質問→がんばり度		9月	10月	11月	12月	変化
1	自分で「考えて」自分で「行動（こうどう）」できていますか？	71.4点	76.8点	91.3点	86.6点	−4.7
2	朝の計画や、授業の計画では、自分が成長できる「チャレンジ」ができていますか？	75.0点	87.5点	90.4点	83.0点	−7.3
3	係の仕事はしっかりできていますか？	84.5点	92.0点	87.5点	89.3点	+1.8
4	生活のルールやマナーを守れていますか？	79.3点	78.6点	81.3点	81.3点	−0.5
5	時間を見て、チャイムや予鈴で行動できていますか？	69.0点	82.1点	83.7点	80.4点	−3.3
6	自分がやる必要がある宿題には、ちゃんと取り組んでいますか？	80.2点	83.0点	84.6点	80.4点	−4.3
7	授業（じゅぎょう）は集中（しゅうちゅう）して取（と）り組（く）んでいますか？	82.8点	83.0点	91.3点	89.3点	−2.1
8	先生がいないところ、先生が見ていない場所でも、正しい行動ができていますか？	72.4点	83.3点	90.4点	87.5点	−2.9
9	教室（きょうしつ）移動（いどう）は、並（なら）んで静（しか）にできてますか？	88.8点	91.1点	94.2点	92.0点	−2.3
10	物を大切に、使った物は片付けて、ゴミを散らかさず、生活できていますか？	71.6点	77.7点	79.8点	75.0点	−4.8
		77.8点	83.5点	87.5点	84.5点	−3.0

も語ります。けテぶれの「テスト」も和訳すると「試行」です。試行とは「やってみる」こと。やってみるのは、現在位置を明確にし、次の一歩をどこに出すべきか「考える」ためです。そして、考えた先にまた「やってみる」。これこそが楽しく、これこそが学ぶということであり、生きるということだよ、というマインドは全員に持たせてあげたいところです。

　また、**「成長変化は波打つ」という視点も大切です。**右肩上がりの恒常的な変化というのは幻想であり、実力もモチベーションもいつも波打っている。この波を否定するのではなく、うまく乗りこなそうとするような思考に導いてください。

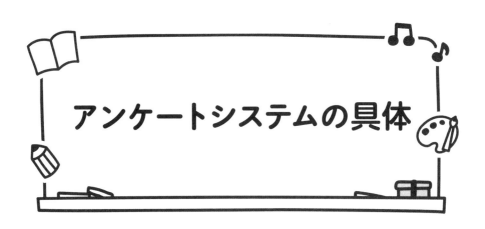

アンケートシステムの具体

クラスアンケート実践ガイド

　子どもたちに配るアンケートは、心マトリクスを参考にするといいですが、心マトリクスは道徳の内容項目と結びついているので、具体的な文言はそれに基づいて作成するのもよいでしょう（右頁の例。私は学校に共有された生活目標があったので、そちらを採用していました）。毎朝の生活目標も、この中から選ぶようにすると、何を書こうか迷わなくて済む上に、その結果を毎月のアンケートで見ることもできます。

　アンケートは基本的に月１回、あくまでも「自己評価」として行います。クラスはそこに所属する一人ひとりでつくっているためです。

　前項のように各項目の平均値と、月と太陽の二軸でのグラフ化がわかりやすいでしょう（右の例では、社会についての項目といのちと自然についての項目は、ポイントを月と太陽に半分ずつ按分するという形になります）。

　また、回答の結果を個人別に蓄積しておくと、個々の意識の変化や教師として見落としている子どもたちの内面を見るための一つの資料としても活用できます（当然個別のデータは、教師の学級指導に活用するだけで、クラスには公表しません）。

実際のクラスアンケート

第3・4学年向け【自分のこころと行動をふりかえってみよう】

※ふだんの自分をふりかえって、あてはまる数字に〇をつけましょう。
【こたえかた】
4：とてもよくできている　3：だいたいできている　2：あまりできていない　1：ぜんぜんできていない

＜じぶんのことについて＞・・・「月」パワー
1.「これは正しい」と考えたことを、自信をもって行動できていますか？　　　4　3　2　1
2. まちがいに気づいたとき、すなおに認めて改めることができていますか？　　4　3　2　1
3. 自分でできることは自分でやり、安全に気をつけて生活できていますか？　　4　3　2　1
4. 自分のよいところに気づき、のばそうとしていますか？　　　　　　　　　　4　3　2　1
5. 目標に向かって、さいごまでがんばることができていますか？　　　　　　　4　3　2　1

＜人とのかかわりについて＞・・・「太陽」パワー
6. 相手のことを思いやって、すすんで親切にしていますか？　　　　　　　　　4　3　2　1
7. 家族やお世話になっている人々に感謝の気持ちを伝えていますか？　　　　　4　3　2　1
8. だれに対しても、えしゃくやあいさつをていねいにしていますか？　　　　　4　3　2　1
9. 友だちと理解し合い、たすけ合えていますか？　　　　　　　　　　　　　　4　3　2　1
10. 自分と違う考えの友だちの意見も、大切にできていますか？　　　　　　　4　3　2　1

＜みんなの社会について＞・・・「月＋太陽」のバランス
11. 約束やきまりの大切さを理解して、守ることができていますか？　　　　　4　3　2　1
12. だれに対しても、えこひいきせずに接することができていますか？　　　　4　3　2　1
13. みんなのために、すすんで働くことができていますか？　　　　　　　　　4　3　2　1
14. 家族みんなで協力して、楽しい家庭をつくることができていますか？　　　4　3　2　1
15. 先生や学校の人々を敬い、みんなで協力して楽しい学級をつくれていますか？　4　3　2　1
16. 日本や地いきの伝統や文化を大切にする心をもっていますか？　　　　　　4　3　2　1
17. 外国の人々や文化に親しみをもてていますか？　　　　　　　　　　　　　4　3　2　1

＜いのちと自然について＞・・・「星」パワー
18. 命の大切さを知り、生きているものを大切にできていますか？　　　　　　4　3　2　1
19. 自然のすばらしさや不思議さを感じとり、大切にできていますか？　　　　4　3　2　1
20. 美しいものや気高いものに出会ったとき、感動する心をもてていますか？　4　3　2　1

クラスのこんなところがすごい。／クラスのこんなことで困ってます。

紙面の関係上これ以上詳しく説明はできないので、
こちらのQRコードから詳しい解説を聞いてみてください。
次の頁の道徳の授業との連動についても詳しく説明しています。
（Voicy「けテぶれ＠ちゃんねる」の放送）　→

第4章　生活けテぶれの範囲をどんどん広げよう　117

生活けテぶれと道徳

　もう前頁でお気づきかもしれませんが、「生活けテぶれ」は道徳との相性も抜群によいです。以下『小学校学習指導要領（平成29年告示）第3章　特別の教科　道徳 第3 指導計画の作成と内容の取扱い』の文言です。

（3）児童が自ら道徳性を養う中で、自らを振り返って成長を実感したり、これからの課題や目標を見付けたりすることができるよう工夫すること。その際、道徳性を養うことの意義について、児童自らが考え、理解し、主体的に学習に取り組むことができるようにすること。
（4）児童が多様な感じ方や考え方に接する中で、考えを深め、判断し、表現する力などを育むことができるよう、自分の考えを基に話し合ったり書いたりするなどの言語活動を充実すること。
（5）児童の発達の段階や特性等を考慮し、指導のねらいに即して、問題解決的な学習、道徳的行為に関する体験的な学習等を適切に取り入れるなど、指導方法を工夫すること。その際、それらの活動を通じて学んだ内容の意義などについて考えることができるようにすること。また、特別活動等における多様な実践活動や体験活動も道徳科の授業に生かすようにすること。

具体的な実践

117頁のようなクラスアンケートを実施し、子どもたちはそのアンケート項目の中から1日の計画を立案しながら、実際にその内容に適う行動をしようとチャレンジし続けている学級なら、ただシンプルに道徳の授業を行うだけで、その道徳科の時間は「学校の教育活動全体を通じて行う道徳教育の要としての役割」を果たすことになります。

道徳実践として大切なのは、45分の道徳の時間における思考の質を高め、深めようとする努力と共に、「学校の教育活動全体を通じて行う道徳教育」をどのように成立させるかが大切なはずですよね。にもかかわらず、道徳の実践提案はそのほとんどが前者のような内容で、後者の提案はなかなか見ることができません。そこに「生活けテぶれ」という実践を行うことで明確な提案をすることができます。ここを確実に構造的に成立させることで、週1回の道徳の時間の思考が、否が応でも深まるのです。なぜなら、**道徳の内容項目を毎日意識し、そこに向かって実際の行動を繰り返しているのですから。**

心マトリクスの役割

さらに、心マトリクスを使っているならその連動はさらに強くなります。毎日の振り返りを心マトリクスで行うということはつまり、毎日毎時間、自分の心の在り方を心マトリクスというレンズで見て、心マトリクスの中に自分の状態を見出していく、ということです。

道徳の授業ではそのレンズで教材に出てくる人物の心の揺れ動きを見ます。つまり、心マトリクスという「同じレンズ」で、「自分」と「道徳教材の中の人物」の両方を見ることになります。すると、「自分もそんな状態になったことがある」と、自分と教材の内容をつなげた思考を自動的に促すことになるのです。これが教師の働きかけではなく、学びの構造として、子どもたちの思考を広げ深めるためのアイデアです。

生活けテぶれを通して、子どもたちの問題解決能力を高めるために

　生活けテぶれでとても大切なのが「その計画を確実に実行しましたか？」という視点です。今日はこうする、次はこうしたい、と言葉で言うのは簡単ですが、それをいざ実行に移すのがものすごく難しい。さらに１回成功できたら、それを継続することがまた難しいので子どもたちにはゲームになぞらえて、説明します。「１回の成功とは、バトルで１勝したということ。経験値は入るがレベルアップまではいかないよね。レベルアップするにはバトルで何勝もしなければならない。何勝もしてやっと１レベルアップ。この感覚を持とうね」と。

　さらにこのたとえ話は続きます。「レベルもまたいくつも上げることができるね。レベルが上がっていくと何が起こる？　進化？　まだまだ。進化の前に"技を覚える"でしょ。みんなも一緒。自分で自分の生活をコントロールする"ワザ"を身につけてください」

　「そしてその先に訪れるのが"進化"です。レベルアップと進化の違いは何？　それは"見た目が変わる"ということですね。先生から見ても、友達から見ても、「なんか○○くん、変わったね」と。そう言われたときその子は進化したってことです」

　このように、徹底的に「実践」にフォーカスすることで、子どもたちは力強くけテぶれのサイクルをまわすことができるようになっていきます。本質的な「問題解決」とは，地に足のついた泥臭い「実践」の先にしかありません。「問題解決能力」とは、地道な実践力と密接に関わっています（もちろん問題の本質的な原因分析も必要です。それは QNKS 図考法で育成します）。

第 5 章

こんなときどうする？
生活けテぶれQ&A

Q1 生活けテぶれの記録をどのように 管理すればいいですか?

A1. けテぶれシートは紙ファイルに保存し、毎日蓄積していきます。週の振り返りシートはクリアファイルに挟み、学期末の振り返りの際に活用します。ポイントシートは厚紙のカードに記入してリングで止めて保存します。けテぶれシートに関しては、ノートに代替も可能です。記述の枠に制約がない分たくさん書けたり、管理が容易だったりします（が、シートにはシートのよさもありますので、よく考えて調整してみてください。もちろんデジタル化も踏まえて）。

Q2 子どもたちの自己肯定感を高めるには どうすればいいですか?

A2. 「自己肯定感を高める」より「自己否定を生む環境をつくらない」のが大前提です。これが普通、これくらいできてあたりまえ、これこそ価値がある。こういう偏った価値意識が、そこに含まれない自己否定意識を生んでしまいます。「あなたがあなたであるときもっとも輝く」「違い＝価値」などの標語を作り、それが実感できるような環境を実現していきましょう。

シートの記述では、子どもたち自身が自分の考えや気持ちを素直に書けるようにサポートします。振り返りを通して自分の内面に目を向け、それを他者に表現し、認め合うという経験が、子どもたちに深い自己肯定感を生むと思っています。「自分が自分であること」を自分で認め、他者にも許容してもらえる。この両輪がミソです。

Q3　生活けテぶれを通して子どもたちの自主性を育むにはどうすればいいですか?

A3. 子どもたちの主体的な活動とは、それが育てば育つほど「個性的」になっていきます。その分、こちらが予期しない提案や行動を取り始めることがあります。そのとき意識したいのは、「先生、これしていいですか?」に対して、よどみなく一瞬で「いいね!」と返すことです。その後で「でも何で?」と聞いていけばいい。即答のOK。この軽やかさこそが子どもたちの主体的な活動を抑制しない大切な要素になります(もちろんその行動の計画や振り返りには伴走し、その子がその子の行動の結果を自分で受け取れるようにサポートします)。

　このようなやり取りを続けると、よくクラスの子たちが言うのは「みんな変人になってきた」というセリフです。これは毎年聞かれます。「普通」なんてない。「みんながみんならしくいるということは、みんな変になっていくってことなのかもね」というやり取りをします。

Q4　生活けテぶれの導入時、どのように始めればいいですか?

A4. まずは朝の会の時間に計画を書き、昼の掃除終わりの時間に分析をする、というシンプルなサイクルから始めるのがおすすめです。最初はシートを使って枠組みの中で思考させ、慣れてきたらノートに移行して自由な記述ができるようにしていきます。教師がフィードバックを丁寧に行い、学級通信などでよい例を紹介することで、子どもたちの理解を深めていきます。

第5章　こんな時どうする? 生活けテぶれQ&A　**123**

Q5　通級指導や特別支援学級ではどのように取り組めばいいですか?

A5. けテぶれシートは、個々の必要性に合わせた個別の行動計画、学習計画を支援し、それに伴走するためのツールです。これはかなり特別支援教育的な文脈と近いのではないでしょうか。生活けテぶれは、そのアプローチを 30 人に対する集団指導においても実現しようとする実践であるともいえます。もし可能なら、通級指導や特別支援学級でも教室で使っているけテぶれシートと同じシートで、その日の学習を見通したり振り返ったりすると、学級のみんなと同じシートを使って、同じ文脈で努力している、という状況になります。

　学級でも常に言いたいのは「現在位置から一歩踏み出すことこそ、みんなにやってほしいことだよ」ということです。つまりこれは、現在位置がどこであろうが関係ない。自分が自分のいる位置から一歩でも進もうとするような日々を送ろう、というメッセージです。するともう、学級での教科の勉強も、通級での指導も、特別支援学級での学習もすべて「現在位置からの一歩」を踏み出そうとする場所となり、どこに所属していようが「まったく同じ努力のフィールドでがんばっている仲間」として認識できるようになります。このような指導自体は、どの学級でも行われているでしょうが、その指導をするとき「けテぶれ」という考え方や、「けテぶれシート」のような具体的なシートを共有することで、よりその意識を明確に持つことができるようになるのです。生活けテぶれを実践している先生からは、この構造を取ることで、不登校のお子さんも、家でも、別室でも同じ文脈で過ごしているという実感を持つことができ、学校生活にとても前向きになれた、という報告もいただいています (もちろん、みんなやってるんだからやりましょう!　という圧力でやらせるのは NG です。それぞれのニーズや心情に合わせて、もし可能なら取り組ませてあげるとよいでしょう)。

Q6 一部の子がまったく取り組んでくれません。どうすればいいですか?

A6. 文字で書くのが苦手なら絵で書いても OK ですし、色のみで表現しても OK。心マトリクスに今日自分がいた場所に丸をするだけでも OK。このようにいかに取り組むかについて柔軟に考えて、声をかけ、書くことを促します。

　しかしそれだけではなく、このような積極的な関わりの一方で「豊かに放っておく」という選択肢も持っておきたいところです。書けないものは書けない。書きたくないものは書きたくない。それがその子の「現在位置」なら、その状況をフラットに捉えて「しょうがないよね」とする。この在り方がその子を救うこともあります。教師がいくら多様な手段を示そうと、書きたくないと思っているその子からしたら、「無理やり書かされる」という状況に変わりはありません。それ自体が嫌な場合、あらゆる関わりに対して受け入れないというモードに入ってしまっている子も当然います。そういう子に対しては、この「豊かに放っておく」ことが有効なケースであるのです。

　書かなくても責められない、許してもらえた。という安心感からその子の在り方が緩んできます。そうなって初めて徐々に対話が可能になるのです。「これが嫌なの?　どうしたい?」少しずつほぐしながらその子のペースで進めるように関わってあげたいものです。

　またそのとき、クラス全体の雰囲気も大切です。みんなでユルく、アツく、シートに記述してそれを共有している環境に浸され続けることで、その子の心がほぐれていくこともあります。パクチーが大っきらいでも、パクチーをおいしそうに食べる人たちといっしょに長く暮らせば、「自分も食べてみようかな」という気持ちになるかもしれませんよね。

　　このテーマに関連する Voicy「けテぶれ@ちゃんねる」の放送 ➡

第5章　こんな時どうする?　生活けテぶれQ&A　**125**

Q7 生活けテぶれがマンネリ化してきたとき、どう対応すればいいですか?

A7. マンネリ化しているように見える状態も、子どもたちにとって必要な時期かもしれません。子どもたちの現在地をしっかり見つめて、豊かに過ごせるようサポートすることが重要です。

そのために使えるのが「心マトリクス」です。たとえよくない状態にある自分も、「いまの自分」として、自己否定の感情を含まずにフラットに「いまここにいるね」と見られるようにサポートしましょう（教師もまた、否定の感情をなるべく含まないフラットな現状認識が必要です）。現状が見えてきて、心のパワーが回復してくると自然に、前向きな記述や態度が出てきます。

また、班での活動、係や会社活動と、それに紐づく「クラスアンケート」などの実践により、協働的な要素によって子どもたちにやる気を起こさせることもできます。

もちろん、個人のけテぶれシートに対する星の数でのフィードバックと、学級通信や朝の会での紹介、といった要素は必須です。その活動の意義がわからなかったり、活動の結果が目に見えなかったりするとき、マンネリ化は一気に加速します。

著者紹介

葛原 祥太（くずはら しょうた）

1987年、大阪府生まれ。同志社大学を卒業後、兵庫教育大学大学院を修了し、兵庫県公立小学校教員として勤務。2024年より葛原教育研究所代表。子どもが自分で学びを進める「けテぶれ」を提唱し、情報番組「ノンストップ！」で取り上げられ話題になるほか、全国で「けテぶれ」に取り組む学校が急増中。「けテぶれ」関連書籍は累計発行部数5万部を突破している。SNSの発信や全国でのセミナー等により、現場の先生による教育改革の支援、後進の育成に活躍中。Xでは「けテぶれ」以外にもオリジナルのアイデアを多く発信している。Xのフォロワー数は2.2万。著書に『「けテぶれ」宿題革命！』『「けテぶれ」授業革命！』『事例でわかる！　教師のためのけテぶれ実践ガイド！』（いずれも学陽書房）、『マンガでわかる　けテぶれ学習法』（KADOKAWA）などがある。

「けテぶれ」学級革命！
自分で考え、自分から動く子が育つ！

2025年2月5日　初版発行

著　者	葛原 祥太
発行者	佐久間重嘉
発行所	学 陽 書 房

　〒102-0072　東京都千代田区飯田橋1-9-3
　営業部／電話 03-3261-1111　FAX 03-5211-3300
　編集部／電話 03-3261-1112
　https://www.gakuyo.co.jp/

ブックデザイン／能勢明日香
イラスト／おしろゆうこ
DTP制作／越海辰夫
印刷・製本／三省堂印刷

© Shota Kuzuhara 2025, Printed in Japan　ISBN 978-4-313-65535-5 C0037
乱丁・落丁本は、送料小社負担にてお取り替えいたします。
[JCOPY]〈出版者著作権管理機構 委託出版物〉
本書の無断複製は著作権法上での例外を除き禁じられています。複製される場合は、そのつど事前に出版者著作権管理機構（電話 03-5244-5088、FAX03-5244-5089、e-mail: info@jcopy.or.jp）の許諾を得てください。

好評の既刊!

事例でわかる!

教師のための
けテぶれ
計画　　テスト　　分析　　練習
実践ガイド!

葛原祥太 編著

実践事例で
はじめ方・続け方 が
具体的にわかる!

困った時の
答えが
見つかる!

学陽書房

事例でわかる!　教師のための
けテぶれ実践ガイド!

葛原祥太　著

A5 判・並製・128 ページ　定価 2,200 円 (10%税込)

さまざまな学校でけテぶれを実践している先生たちによる、
けテぶれの実践事例がいっぱい!
わからなかった疑問も Q&A で解決!